20世纪中国科学口述史

沈善炯自述

THE AUTOBIOGRAPHY OF SAN-CHIUN SHEN

沈善炯◎述　熊卫民◎整理

湖南教育出版社

国家出版基金项目
NATIONAL PUBLICATION FOUNDATION

2010年沈善炯院士在家中（张天明摄）

席泽宗序

正当21世纪开头的时候，湖南教育出版社策划编辑出版一套《20世纪中国科学口述史》丛书，有计划地访问一些当事人，希望他们能将亲历、亲见、亲闻的史实回忆口述，让采访者整理成文字和音像资料，为后人留下一些宝贵的文化财富。这是一件很有意义的事，应该得到各方面的支持。

口述历史很重要。《论语》就不是孔子（前551—前479）的著作，而是口述。这情形与希腊的苏格拉底（约前470—前399）及其以前的哲学家们相似。那个时代学者们还没有自己著书立说的习惯，思想学说都是靠自己口述而由门人弟子记录下来的。正如《汉书·艺文志》所说："《论语》者，孔子应答弟子、时人，及弟子相与言而接闻于夫子之语也。当时弟子各有所记，夫子既卒，门人相与辑而论纂，故谓之《论语》。"《论语》被奉为儒家经典，流传两千多年，一字值千金。我们当代人的所见、所闻、所历，不能与之相比，但"集腋成裘，聚沙成塔"，贡献出来，流传下去，对社会还是有益的。

司马迁著《史记》，上古部分文献太少，主要根据"传说"

席泽宗（1927—2008），天文史学家，中国科学院院士（1991）。

（一代一代“传”下来的“说”，即口述、口述、再口述），准确的年代只能从西周共和元年（前841年）算起，这不仅给年代学留下了一个空当，因而有今日的“夏商周断代工程”，还给后人提供了怀疑的口实。辛亥革命前后，国内外出现了疑古思潮，提出“东周以前无史”论，企图把中国文明史砍去一半。幸而这时在河南安阳殷墟发现了甲骨文，王国维于1917年写了《殷卜辞中所见先公先王考》及《续考》，指出甲骨文中发现的殷商王室的世系，与《史记·殷本纪》中所载相吻合，《殷本纪》中的口述记载只有个别错误。这就把中国有文字可考的历史，由东周上推了近千年。由此，王国维提出“二重证据法”：“古书之未得证明者，不能加以否定，而其已得证明者，不能不加以肯定。”他又于1926年在上海《科学》杂志第11卷第6期上发表《最近二三十年中国新发现之学问》一文，指出中国历代出现的新学问大都是由于新的发现。他举了很多例子，最重要的是汉代曲阜孔壁中古文和西晋汲冢竹书的发现，说明新材料对于学术的推动作用。与此同时，胡适于1928年在《新月》第1卷第9期上写了一篇《治学的方法与材料》，进一步指出，我们不仅是要找埋在地下的古书，更重要的是要面向自然界找实物材料。他说：“材料可以帮助方法；材料的不够，可以限制做学问的方法；而且材料的不同，又可以使做学问的结果与成绩不同。”他用1600年到1645年间的一段历史，进行中西对比，指出所用材料不同，成绩便有绝大的不同。这一段时间，中国正是顾炎武（1613—1682）、阎若璩（1636—1704）这些大师们活动的时代，他们做学问也走上了新的道路，站在证据上求证明。顾炎武为了证明衣服的“服”字古音读做“逼”，竟然找出了162个例证，真可谓小心求证。但是，他们所用的材料是从书本到书本。和他们同时代的西方学者则大不相同，像开普勒、伽利略、牛顿、列文虎克、哈维、波义耳，他们研究学问所用的材料就不仅仅是书本，更重要的是自然界的东西。哈维在他的《血液循环论·自序》中说："我学解剖学和教授解剖学，都不是从书本上来的，是从实际解剖来的；不是从哲学家的学说上来的，是从自然界的条理上来的。"结果是，他们奠定了近代科学的基础，开辟了一个新的科学世界。而我们呢，只有两部《皇清经解》做我们 300 年来的学术成绩。

1915 年《科学》的创刊和中国科学社的成立，标志着近代科学开始在中国落地、扎根，但成长、壮大、开花和结果，还有待于努力。中央研究院（1928 年）、北平研究院（1929 年）、中央工业试验所（1929 年）、中央农业试验所（1931 年）等国家科研机构的相继建立，《大学组织法》（1929 年）、《大学规程》（1929 年）和《学位授予法》（1934 年）等的颁布，都为科学的进一步发展提供了必要条件。至 1949 年，全国已有 700 多位科学家在 200 余所高等院校、60 多个科研机构、40 多个学术团体中工作。用卢嘉锡半开玩笑的话来说，"这是一支物美价廉、经久耐用的队伍"。李约瑟把他记述抗战时期中国科学家工作的一本书，取名《科学前哨》（*Science Outpost*）。他在序中说："书名似乎应当稍加解释。并不是我们中英科学合作馆的英籍同事远在中国而以科学前哨自居。我所指的是我们全体，不论英国人或中国人，构成中国西部的前哨。""这本书如有任何永久性的价值，一定是因为它提供了一类记录（虽然不甚充分）……看到中国这一代科学家们所具有的创造力、牺牲精神、坚韧、忠诚和希望，我们以和他们在一起为荣，今天的前哨就将成为明天的中心和司令部。"

李约瑟的预言即将实现。1949 年中华人民共和国的成立，为科学的发展提供了前所未有的有利条件。1956 年制定的《1956—1967 年科学技术发展远景规划纲要》，通过十几个重大项目、几十个重点研究任务、几百个中心课题，把第二次世界大战以来的新科学和尖端技术都涵盖于其中，下决心，攀高峰。据杨振宁搜集起来的 10 项产品的年代比照，我们的赶超速度是很快的。从原子弹到氢弹，我们所花费的时间最少：法国 8 年，美国 7 年，英国 5 年，苏联 4 年，中国 3 年，爆炸在法国之前。还要注意一点，别的国家的科学家，是全力以赴搞科学，中国科学家要政治学习、劳动锻炼、下乡“四清”，至于“文化大革命”那样的干扰，更是史无前例，就连“中国核弹之父”钱三强也不能幸免。1978 年以后，抛弃以“阶级斗争为纲”，才把书桌子放稳，安下心来搞科研，然而在市场经济大潮的冲击下，也有新的问题。科学是没有阶级性的，但是科学家是在社会中生活的，科学事业是社会建构的一部分，都有时代的烙印。与过去 300 年相比，科学在 20 世纪的中国，特别是后 50 年，取得了举世瞩目的成就。总结这段历史经验，对于 21 世纪科学的发展无疑是有借鉴意义的。这项工作国内有许多人在做。

湖南教育出版社邀请有经验的专家组成编委会，派人准备从人物（包括科研组织管理工作者）、学科、事件等方面进行访谈和旧籍整理，这无疑是一种新的形式。口述历史虽然是历史学的最初形态，但那时没有录音、摄像等设备，也没有现在的严密组织准备，效果是不一样的。因此，我相信，这套书一定能成功，故为之序。

席泽宗

2007 年 10 月于北京

韩启德序

20 世纪是中国社会巨变的一个世纪，也是中国科学大发展的一个世纪。

中国的现代科学是在西方科学传入之后发展起来的。远在明末清初，西方科学就传到了中国。但从明末到清末，300 年的“西学东渐”，其主要成果不过是翻译介绍了一些西方科学著作，传播了一些科学知识。到了 20 世纪，中国才出现了现代意义的科学事业和科学家。

20 世纪之初，在以“新政”为标榜的政治和社会改革风潮中，延续千年的科举制度被废除，近代新学制开始在全国范围内实施，现代科学被纳入我国教育体制，从此科学知识成为中国读书人的必修课程，科学观念逐步深入人心。“赛先生”与“德先生”成为五四新文化运动的两面旗帜。

20 世纪二三十年代，特别是国民政府成立之后，国立和私立大学的科学教育和科研水平稳步提高，以中央研究院为代表的专门科研机构逐步建立，一系列专业学会成立起来并开展各种学术活动，奠定了我国现代科学各主要学科的基础。然而，

韩启德（1945—），病理生理学家，中国科学院院士（1997）。现任全国人大常委会副委员长，九三学社中央主席，中国科学技术协会主席。

日本侵华战争使我国刚刚起步的现代科学事业遭到严重摧残。抗战胜利后，内战又使科学事业在短期内无法恢复元气。

中华人民共和国成立之后，在中国共产党的领导下，科学事业受到前所未有的重视。建国后不久，国家就陆续成立了从中央到地方的各级综合性和专业性科研机构，调整和新建了一大批高等院校，组织实施了一系列重大科研计划。在20世纪的50年代末到60年代，以“两弹”（原子弹和导弹）研制、大庆油田的开发和人工合成结晶牛胰岛素等重大成就为标志，我国科学事业实现了跨越式的发展。不幸的是，不断升级的政治运动严重干扰和破坏了科学事业。“文化大革命”十年动乱，使我国科学不进反退，拉大了我们与世界先进水平的差距。

改革开放迎来了中国科学的春天，知识分子终于彻底摘掉了“臭老九”的帽子，我国科技工作者焕发出前所未有的活力。经过科技体制改革的探索，在20世纪末，我国确立了“科教兴国”战略。近年来，国家对科技的投入大幅增长，科研水平稳步提高，我国科学技术全面发展的时代正在到来。

一个世纪之前，中国的现代科学事业几乎还是一张白纸。今天的中国科学已经以崭新的面貌自立于世界。“两弹一星”、杂交水稻、载人航天等一系列成就，标志着我国科学技术事业的空前发展，同时也极大地提升了我国的国际地位。但我们也应清醒地认识到，我们与国际科学技术的先进水平还存在相当差距，我们仍然在探索适合中国国情的科技发展道路，建立完善的现代科研体制的任务还没有完成。

中国现代科学技术的发展既有顺利的坦途，也历经坎坷和曲折。艰苦的物质条件和严酷的政治运动没有动摇中国科技工作者的爱国报国之心和求索创新之志。为中国科学技术事业建立功勋的既有像“两弹元勋”一样的科学英雄，更有许多默默无闻、甘于奉献的科技工作者。他们的名字，他们的事迹，是中国现代历史中的重要篇章。比较令人遗憾的是，我们很少见到中国科学家的自述、自传一类的作品。因此，许多科学家的事迹，他们的奋斗与探索，还不大为社会所了解；许多珍贵的历史资料，随着一些重要当事人的老去而永远消失，铸成无法挽回的损失。

湖南教育出版社出版的这套《20 世纪中国科学口述史》丛书，在一定程度上弥补了这个缺憾。口述历史的特点是真实生动、细节丰满、可读性强。这套丛书中，无论是口述自传、个人或专题访谈录，还是科学家自述，都出自科学家、科技管理者、科学普及工作者或科技战线的其他工作者的亲口或亲笔叙述，是中国现代科学事业的参与者回忆亲历、亲见、亲闻的史实，提供了许多鲜为人知、鲜活逼真的历史篇章，可以补充文献记载的缺失，是我们研究中国现代科学发展史的珍贵资料。同时，书中也展现了我国科技工作者爱国敬业、艰苦探索、勇于创新、无怨无悔的精神境界，必将激励后来者为发展我国的科学技术而努力奋斗。

近年来，访谈类节目在电视、电台热播，大受欢迎。我相信，《20 世纪中国科学口述史》丛书也一定能赢得读者的喜爱，在我国科学文化建设中发挥应有的作用。故乐为之序。

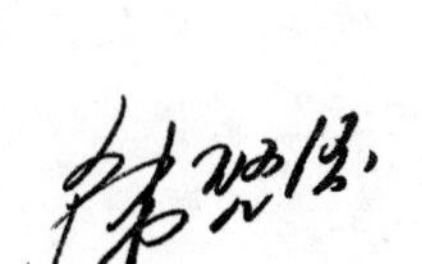

2007 年 10 月于北京

主编的话

以挖掘和抢救史料为急务

自文艺复兴以来，西方经过宗教改革、世界地理大发现、科学革命和产业革命，建立了资本主义主导的全球市场和近代文明。在此过程中，科学技术为社会发展提供了最强大的动力，其影响至20世纪最为显著。

在从传统社会向近代社会的转型中，国人知识结构的质变，第一代科学家群体的登台，与世界接轨的科学体制的建立，现代科学技术学科体系的形成与发展，乃至以“两弹一星”为标志的一系列重大科技成就的取得，都发生在20世纪。自1895年严复喊出“西学格致救亡”，至1995年中共中央、国务院确定“科教兴国”的国策，百年中国，这“科学”是与“国运”紧密关联着的。百年中国的科学，也就有太多太多的行进轨迹需要梳理，有太多太多的经验教训需要总结。

关于20世纪中国历史的研究，可能是格于专业背景方面的条件，治通史的学者较少关注科学事业的发展，专习20世纪科学史者起步较晚，尚未形成气候。无论精治通史的大家学者，或是研习专史的散兵游勇，都共同面临着一个难题——史料的缺乏。

史料，是治史的基础。根据20世纪中国科学史研究的特点，搜求新史料的工作主要涉及文字记载、亲历记忆、图像资料和实物遗存这四个方面。

20世纪对于我们，望其首已遥不可及，抚其尾则相去未远。亲身经历过这个世纪科学事业发展且做出过重要贡献的科学家和领导干部，大都已是高龄。以80岁左右的老人为例，他们在少年时代亲历抗日战争，大学毕业于共和国诞生之初，而国家科学事业发展的黄金十年时期（1956—1966）则正是他们施展才华、奉献青春、燃烧激情的岁月。这些留存在记忆中的历史，对报刊、档案等文字记载类史料而言，不仅可以大大填补其缺失，增加其佐证，纠正其讹误，而且还可以展示为当年文字所不能记述或难以记述的时代忌讳、人际关系和个人的心路历程。科学研究过程中的失败挫折和灵感顿悟，学术交流中的辩争和启迪，社会环境中非科学因素的激励和干扰等等，许多为论文报告所难以言道者，当事人的记忆却有助于我们还原历史的全景。

湖南教育出版社欲以承担挖掘和抢救亲历记忆类史料为己任，于2006年启动了《20世纪中国科学口述史》丛书的工作计划，在学界前辈和同道的支持下，成立了丛书编委会，于科学史界和科学记者群中招兵买马，认真探索采访整理工作规范和成书体例。通过多方精诚合作，在近两年中已出版图书20种，得到了学术界和读者的认可。

近年兴起的口述史（Oral History）热潮，强调采访者的责任，强调采访者与受访者之间的互动，强调留下“有声音的历史”。不过，口述史内容的“核心”是“被提取和保存的记忆”（唐纳德·里奇《大家来做口述历史》）。把记忆于头脑中的信息提取出来，方法上有口述与笔述之差别，但就获取的内容而言，并无实质性的差别。因此，本丛书当前在积极组织从事口述史采访队伍的同时，也积极动员资深科学家撰写回忆文本，作为“笔述系列”纳入本丛书中来。

科学，作为一种社会事业，除科学研究之外，还包括科学教育、科学组织、科学管理、科学出版、科学普及等各个领域，与此相关的人物和专题皆可列入选题。

本丛书根据迄今践行的实际情况，在大致统一编辑规范的基础上，将书稿划分为 5 种体例：

1. 口述自传——以第一人称主述，由访问者协助整理。

2. 人物访谈录——以问答对话方式成文。

3. 自述——由亲历者笔述成文。

4. 专题访谈录——以重大事件、成果、学科、机构等为主题，做群体访谈。

5. 旧籍整理——选择符合本丛书宗旨的国内外已有文本重新编译出版。

形式服务于内容，还可视实际需要而增加其他体例。

受访者与访问整理者，同为口述史成品的作者。忆述内容应以亲历者的科学生涯和有关活动为主线展开，强调以人带史，以事系史，忆述那些自己亲历亲闻的重要人物、机构和事件，努力挖掘科学事业发展历程中的鲜活细节。

书中开辟“背景资料”栏，列入相关文献，尤其注重未经披露的史料，同时还要求受访者提供有历史价值的图片。这些既是为了有助于读者更好地理解忆述正文的内容，也是为了使全书尽可能地发挥“富集”史料的作用。

有必要指出，每个人都会受到学识、修养、经验、环境的局限，尤其是人生老来在记忆力方面的变化，这些会影响到对史实忆述的客观性，但不能因此而否定口述史的重要价值。书籍、报刊、档案、日记、信函、照片，任何一类史料都有它们各自的局限性。参与口述史工作的受访者和访问者，即便是能百分之百做到“实事求是”，也不能保证因此而成就一部完整的信史。按名家唐德刚先生在《文学与口述历史》一文中的说法，口述史“并不是一个人讲一个人记的历史，而是口述史料”。史学研究自有其学术规范，不仅要用各种史料相互参证，而且面对每种史料都要经历一个“去粗取精，去伪存真”的过程。本丛书捧给大家看的，都是可供研究20世纪中国科学史的史料，囿限于斯，珍贵亦于斯。

受访者口述中出现的历史争议，如果不能在访谈过程中得以澄清或解决，可由访问者视需要而酌情加以必要的注释和说明。若对某些重要史实有不同的说法，则尽可能存异，不强求统一，并可酌情做必要的说明或考证。因此，读者不必视为定论，可以质疑、辨伪和提出新的史料证据。

本丛书将认真遵循求真原则和史学规范，以挖掘和抢救史料为急务，搜求各种亲历回忆类史料，推动20世纪中国科学史的研究！

欢迎各界朋友供稿或提供组稿线索，诚望识者的批评指教。谨以此序告白于20世纪中国科学史的研究者和爱好者。

樊洪业

2008年10月于中关村

2011年元月修改于中关村

CONTENTS 目录

沈善炯序

我出生在离上海不远的一个偏僻的江南水乡。当时国难深重，农村凋敝，苦难的童年生活使我知道，要重振家园，报效村间父老对我的期望，必须刻苦学习，做一个有用之人。

1938年抗日战争期间，我流亡到云南昆明入西南联大念书，有幸受到恩师张景钺先生的教诲。1947年他推荐我去美国加州理工学院学习，临行时老师叮嘱我："我等待着你，望你学成回来!""学成回来"这四个字，千钧之重，我无时无刻不记在心里。在加州理工学院时，我遇到了我的第二位恩师，诺曼·哈洛威士（Norman Horowitz）教授。在留学异国的年代里，他常常提醒我："沈，中国需要你!"1996年我去加州理工学院领取杰出校友奖时，提起50年前的往事，他又一次对我说："中国现在仍需要你!"我感谢他把对我的希望和我的祖国联系在一起。童年时的梦，老师的教诲，使我明白一句名言"科学无国界，但科学家有其祖国"的真谛。这是我努力求知，希望能报效国家的志向的源泉。

20世纪50年代初我终于踏上了归途。美国政府奉行的那臭名昭著的麦卡锡主义给我的压力是：返回美国或转往台湾，不然则囚禁在日本监狱。我和我的同行者毅然选择了后者。任何胁迫和利诱，都不能改变我们返回祖国，愿为新中国的建设而效力之志。我归国后，放弃了自己的专长，服从国家的需要而转行，我感到欣慰而从无异言。我的工作曾得到人民和国家的奖励。但我的科学之路并非一马平川。那史无前例的“社会主义教育”运动以及随之而来的“文化大革命”是我国历史上一个扭曲的时代，每个人都经受着严峻的考验，记取相关教训对个人和组织都是必要的。

1978年3月，全国科学大会召开，我有幸得以回到我毕生求索的遗传学研究中来。从此我躬耕在这荒芜已久的园地，获得了一些成果。

我要感激与我风雨同舟六十余年的妻子、我昔时西南联大的同学卢盛华，在那苦难时期对我的支持和鼓励。她要我相信真理，等待黎明。在我们的晚年终于盼到我们的国家富强了，为世界和平、人类幸福做出了贡献，这是最大的欣慰。

2009年2月于上海

陆老师很不喜欢我们，把我们这些孩子称为“造粪机”，而我居其首，被称为“第一号造粪机”。

在那国难深重的日子里，吴江中学校长杨雪门率领学生走出校门宣传抗日和抵制日货。在一个师范班的毕业典礼上，国文老师王恕安引吭高歌。我记得下列几句：“师生共饮一堂中，夜更深时气更雄，酒到千巡山可撼，歌听几曲感难穷……别后应思杨校长，首先高唱满江红。”

第 1 章 青少年时代

贫苦的童年

1917 年 4 月 13 日我生于江苏省吴江县靠近周庄镇的澄墟村。周庄是个古镇，距离上海市不到 100 公里。这个地方很重视教育，出过不少有名的读书人。国民党元老、曾经做过宣传部长的叶楚伧是其中的一个。我曾到他家里去看过，非常简朴，完全不像做大官的。

澄墟村位于周庄的西端，白蚬河从旁边流过，全村不到 100 户人家，村民大多姓闵。从我家的家谱上查出，我家原来祖居浙江吴兴县竹墩村，明末才迁到白蚬河边来。北京大学教授沈尹默①跟我是一族的。近现代名人沈体兰②也是我的本家，我小的时候，他担任族长。当时我们族规很严，

① 沈尹默（1883—1971），浙江湖州人，学者、诗人、书法家。早年游学日本，归国后先后执教于北京大学、北京女子师范大学，与陈独秀等同办《新青年》，为新文化运动的干将。

② 沈体兰（1898—1976），江苏吴江人。1922 年毕业于东吴大学，1928 年留学英国牛津大学，攻读教育学研究生。曾任东吴大学文学院院长、代理校长，华东军政委员会教育部副部长等职。

我们家有什么重要事情，都要去请示他。他对传统教育很重视，思想很进步，曾任东吴大学校长，是中国民主同盟主要负责人之一。1950 年我从国外回来时，他任华东地区教育部部长，曾到我家来看我。

种田、读书，所谓“耕读传家”是我家的祖训。在那偏僻的小村，只有我们沈家有人识字和会写点文章，所以但凡村里的事情，如婚丧喜事、村民打架争吵等都要来我家商量解决。他们的孩子的大名也多是由我祖辈或父辈代取的。过去村上的孩子常以出生的先后次序相称呼，叫阿大、阿二、阿三、阿四……也有根据出生时的生肖而叫的，如阿虎、阿狗、阿兔，但也有叫阿猫的。一般在阿大、阿二等乳名前常冠以他们各自父亲的名字，例如厚庭阿二、恒高阿三等，以区别其他很多的阿二和阿三。偶尔也有用其貌相而称的，如一个患有眼疾的阿五，我们叫他烂眼阿五。但我们家的孩子出生时都取名为官，如大官、二官、三官等，无非希望将来“学而优则仕”，做个官。我的乳名就叫泉官。

我父亲名叫沈国范（1896—1975），号时则，是我们村第一个进洋学

父亲沈时则与母亲沈贞（1952年）

堂的。他从周庄镇的沈氏义庄小学毕业后，考入吴江乡村师范讲习班（江苏省吴江乡村师范的前身），毕业后回到乡下，一边种田，一边教书。我母亲也姓沈（1897—1976），她是本地的，与我父亲同姓不同宗。她是个文盲，没有名字，到后来，我父亲给她取了个名字，叫沈贞。过去都是这样的。

我小的时候，我们沈家的人都住在一个院子里。6 岁时，家里请了一位叫陆家驹的老师到家里来教我读书。他不是一般的私塾老师，而是从苏州工业学校毕业，懂得一些数理知识，但他教我们时仍以国文为主。记得和我一起念书的有六七个孩子。陆老师吃、住都在我家，其他几个孩子只需再交一点学费给他。我当时很不用功，心思完全不在书上，只巴望快点下课，出去驱赶我家宅里的那只大黄狗，出征村前村后的狗群。陆老师很

1995 年回故乡澄墟村与童年时的朋友合影

不喜欢我们，把我们这些孩子称为“造粪机”，而我居其首，被称为“第一号造粪机”。

7 岁时，乡间开始闹盗匪，抢劫、绑架勒索很多，家里也就不再延请陆家驹来教书。不久，我父亲也失业了。那个时候政治腐败，军阀混战，民不聊生，有些人实在过不下去了，为了免为饿殍，就铤而走险出去做强盗。我们村有一户姓陆的农民，三兄弟一道出去抢人家的。我们家的河对面还有个叫陆秀昌的，长得很魁梧、很神气，也干那种勾当。有一天，我父亲到乡下去，他陪我父亲坐航船。我父亲对他说：“秀昌，那个事情不能干了。”他说：“兔子不吃窝边草。”后来，大概 1934、1935 年时，那几个人都被抓住枪毙了。

1925 年初夏的一个晚上，盗匪到我们家里来抢劫。我们家根本就没有什么东西，连个箱子都没有，衣服什么的都搁在凳子上。他们就抢米。为了防止有人前来绑票，第二天清晨，奶奶携我匆匆步行到离村不远的一个港口，搭便船到同里镇。这是一个离周庄镇不到 15 公里的小镇，镇上富豪很多，读书人也多。我伯父在这里开了家小米行。我先住在伯父家。伯父没有孩子，视我如同己出。后来我父母也相继迁居同里镇。人太多，伯父家住不下去，而在镇上租房要花钱，我们就迁到祖母修行念佛的一个小庙前的三间小屋里去住。后来谷贱伤农，米卖不出去，我伯父的小米行垮掉了，他又回到乡下去。1937 年“八一三”事变后，日本人搞大扫荡，我们的老宅子被烧光。1942 年时，我伯父在周庄被日本鬼子抓住砍死——还有一部分头留在脖子上，惨不忍睹。我奶奶哀伤过度，跟着于 1943 年去世。

8 岁时，我在同里镇泰来桥初级小学插班为二年级学生。记得有一天上学，一个叫徐一冲的同学骂我“乡下人”，还把我推倒在地。这是我第一次在这个镇上受人欺凌。但我的学习成绩还不错，仅次于一个叫张志亮的，他也是个乡下人。3 年后我初小毕业，升学到同里高等小学，这所学校只有五、六两个年级。学生根据读书成绩的优劣而分组。五年级分成“爱”、“勇”、“敬”、“仁”四组，六年级分为“诚”、“智”两组。读书不好的学生要从“爱”组直接升到六年级的“智”组或“诚”组是不可能的，有的光从“爱”组到“敬”组或“仁”组就要花上两三年的时间。我最初被分配到“勇”组。记得“勇”组有一位教《自然》的老师叫金彬台，前清秀才出身。他常常把当时上海《申报》登载的杂文当做教材来讲。有一次他出了一道关于自然课的考题：试举鸭掌之功用。我在答案上写了两条，一是走路，二是浮水。可他仅给我 66 分，批语是少写了“可煮鸭掌汤”。

我在“勇”组的读书成绩还算好，所以一年后就升到六年级的“智”组。一般在“智”组的学生学习一年后都能毕业。可那一年对我来说却是童年时难以忘记的苦难日子。父亲以前边种田边教书还有点收入，到镇上后，找不到新的工作，又没法再去种田，仅靠祖传下来的那 30 余亩田的田租过活。其中 20 多亩我们家只有田契，没有田面，是不能收回的。而由于农村凋敝，收成太差，那些具有永佃权的农民很少交租，所以我们的家庭境况变得非常之差，只能靠母亲每天去芡实行领些芡实来帮人家剪去外壳，挣点钱来勉强维持。有时她还买些锡箔做成“元宝”当冥件卖给来庙里烧香的香客。我家隔壁有块荒地，荒地上有个粪缸，母亲每天将家里便桶中的粪便倒入粪缸，待农民从农村摇船来卖稻草时，将粪便换成稻草作为每天烧饭用的燃料。母亲还利用那块荒地栽培出又绿又肥的青菜来。我们家没电灯，但屋前有盏路灯，晚上，我和弟弟、两个妹妹常在路灯下看书。旁边农田中的虫子也都飞到路灯下来，我娘在下面放一盆水，拿掉到水中的蚱蜢等喂我家的鸭子。即便她如此勤俭，如此善于持家，每到“年关”，即旧历腊月三十晚时，我家中间的那间小屋里仍坐满了来讨债的人。当时的习俗是，年底清理当年的债务，若拖过去了，则通常可以到第二年年底再还。我母亲对他们讲：“我们确实欠你们的钱，绝不会赖账，但现在实在还不起，请再宽限一些时间。”他们不会仁慈，总是凶相毕露，逼着我们在半夜12时前还债。我和3个幼小的弟妹每年都要挨过那苦难的时刻。

我母亲特别坚强，她对我的影响非常大。我们那儿是水乡，船多、桥多。她常常对我说：“做个好人要有志向，遇到苦难不着急，船到桥头自会直。”这句话我铭记在心。回溯我的过去，从童年到暮年，生命之舟载我几经风浪险滩，母亲的话给我力量，使我能向自己的志向航道驶去。

我是我们家的老大，底下还有三个弟弟、两个妹妹。因为贫穷，卫生、营养条件差等原因，二弟、六弟、四弟先后夭折。六弟是被蚊子咬后得脑炎而死去的——当时我们连蚊香也买不起。因我母亲奶水不够，二弟交给一个农妇喂养，结果死了。四弟也是因为生病而发烧死去的。

由于家贫，我在学校常常被人欺侮。记得我在“智”组上课的第一天，老师沈南琴要学生轮流起立说出家长的姓名和职业。坐在我前面的同学钱任站起来，很神气地报出他父亲的名字——钱叔度，一位镇上有名的绅士。轮到我了，因为我父亲没有职业，仅帮助镇上做些社会治安工作，我就立起来战战兢兢地说：“我父亲在镇上义务保卫团工作。”结果全班学生哄堂大笑。当时我感到受了莫大的耻辱，特别痛恨世态的炎凉。老师们对我也另眼看待，视若下等人。从此我十分痛苦。我为人倔强，为了免去一些羞辱，有时候我瞒着父母不去上课，甚至不去参加一些课程的学期考试，因为我认为那几个老师不会给我好分数。所以，一年之后，“智”组

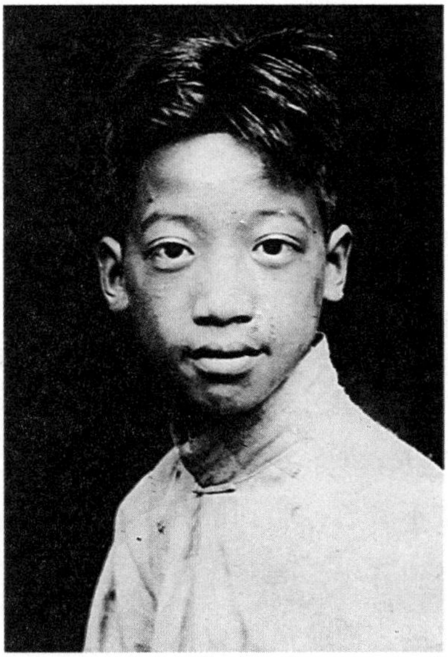

少年沈善炯

的同学只有我一个人没有毕业。平时对我要求严厉的父亲似乎知道我的处境，并不责备我，只要求我以同等学力投考吴江中学。1931 年夏天，在一个风雨交加的日子，父亲带我去县城投考吴江中学，结果总算被录取了。

虽然家里穷成这个样，1949 年之后，我父亲仍被划为地主——不算恶霸地主，只是普通地主。在"土改"时，他倒是没有挨斗。为什么呢？因为我从国外回来了，这在当时颇有一些影响。我们镇上的解放军指导员还贴了一个横幅出来，欢迎我回国，这对我父亲起了保护作用。又过了一两年，我父母随我迁到上海，政府给他们发了选民证，听说这就表示摘掉了地主帽子，我父亲一直把它作为护身符放在身边。居委会的人曾经问他："你没有多少田，怎么会被划成地主啊？"他听后非常高兴。

但在"文革"时，他仍被当做"逃亡地主"来斗。他每天拿着一把扫帚在院子里各家门口扫除垃圾和落叶，并终日长吁短叹，数说祖上传给他 30 多亩田，都租给农民，年荒歉收时，他并没有强迫农民还租；他青年时代在吴江乡村师范念书，毕业后在乡间教书，40 多年在村里没有做过害人的事，为什么要把他当逃亡地主来斗争呢？他说，只要不连累他的孙儿沈聿，他愿意被押送回乡，让人绑起来沉在家门口的白蚬江底。他对我说："我是地主，你是反党分子，这两重罪名都压在小聿身上了，我难过啊！"这些是后话了。

吴江中学

吴江中学是江苏有名的学校，出过不少名人，例如费孝通等，但知名度不及苏州中学，更不及扬州中学。那个时候，扬州中学和北京师范大学附中是全国最著名的中学。由于很多优秀学生被那些学校吸引过去了，吴江中学并不是特别难考。

这所学校位居太湖之滨，鲈乡亭和三高祠之畔。所谓“三高”是指我国古代的三位高士：范蠡、张翰和陆龟蒙。记得校刊上有两句话，“鲈脍莼羹堪以学三高之节，兰亭舞雩何能效名士之风”。这两句话说出了学校对气节和风雅的崇尚。学校擅长人文教育，重视教学生怎么做人。老师从不计较学生出身的贫富，对学生都循循善诱，同学之间也是平等互爱，我非常喜欢这种氛围。老师之中，对我影响最大的是国文老师王恕安。他少年时受南社柳亚子先生的教诲，思想进步，上课时讲授教材《古文观止》中的一些文章，如苏东坡的《赤壁赋》，还有洪承畴的《多尔衮致史可法书》和袁枚的《祭妹文》等，此外还选五四时期的散文，编了本名为《时文精粹》的讲义给我们阅读。他的教育是启发性的，强调恭恕廉俭，要求我们忠于国家，对我的影响很深。“文革”时有个学生批判我，说我家里没有毛主席的像，只有一张岳母在岳飞背上刺字的像，由此证明我思想封建。而岳飞精忠报国精神对我的影响，就是在吴江中学培养出来的。

入学不久，九一八事变爆发，日寇侵略我国东北。翌年又逢一·二八事变，日寇在上海登陆，十九路军奋起抗击。那时苏嘉公路刚刚竣工，我第一次看到汽车。有一天，我和同学数人徒步沿公路从吴江北门走到苏州，到王废基公园参加苏州人民庆祝十九路军抗日胜利大会。在那里，我们听了旅长翁照垣的报告。苏州城内大街小巷都刷有十九路军的抗日标语："冲锋是我们的生机，退缩是我们的末路"，"不灭倭寇誓不回乡"，等等。记得在天平山脚下的一个小庙里，还挂着一幅一位十九路军排长和庙里和尚的合影，上面写着："河山思故国，僧侣是同乡。"字里行间可见军民同仇敌忾之气，以及对国民党政府与日寇签订《淞沪停战协定》的不满。后来十九路军的蔡廷锴、蒋光鼐等在福建建立人民政府时，[①] 我和另外几个同学决定去参军投奔他们。有个同学向家里要钱，被他父亲探悉此事，他通知学校，阻止了我们。训导主任把我们叫过去狠狠地训斥了一顿。

在那国难深重的日子里，吴江中学校长杨雪门率领学生走出校门宣传抗日和抵制日货。在一个师范班的毕业典礼上，国文老师王恕安引吭高歌。我记得下列几句："师生共饮一堂中，夜更深时气更雄，酒到千巡山可撼，歌听几曲感难穷……别后应思杨校长，首先高唱满江红。"今日诵之，犹感当年师生爱国之情。吴江中学使我重新获得在苦难的童年已失去了的自信和自尊。我要感谢她，特别是老师杨雪门、王恕安等对我的教育，他们使我转变为一个要求自强上进的少年。

吴江中学校舍在 1941 年抗日战争时期遭到破坏，鲈乡亭及三高祠已荡然无存，但其粉墙碧瓦和三高祠墙上的那副对联"旧址难寻相距八百二十年之久，高风可仰总在三万六千顷之间"，依然活在我的记忆之中。学校门房中一个叫裕堂的（他姓什么我一直没有问过，只知道他是江阴人），常给我们送信，送信时间都在每天晚上我们上自修课的时候。他在窗外

① 1933 年 11 月 20 日，李济深、蔡廷锴、蒋光鼐等在福建成立"中华共和国人民革命政府"，章伯钧、翁照垣等为"中国全国人民临时代表大会"主席团成员。1934 年 1 月，"人民革命政府"瓦解，"福建事变"失败。

喊："××少爷有信。"但轮到我和我堂兄沈启民有信时，他直呼我们的姓名，因为我们的穿着和行动不像"少爷"。在学校附近有个体育场，我们上完体育课后常从体育场管理工人阿和那里买零食吃，我有时欠他的钱，他就在一本账簿上写"校内'老知家'（老资格）欠老爷饼钱铜板五枚"。他不知道我的姓名，凭他的直觉称我为"老资格"。还有美术老师丁志英，当深秋时节枫叶红似二月花时，常在星期日领着我，带着水彩画具走到太湖之滨找个村落去写生，从而培养了我对绘画的兴趣。这些六七十年前的往事一直是我魂牵梦萦的。

1954 年 9 月，王恕安老师曾到过上海我的家中回忆吴江中学，再次提起当年三高祠中的那副对联，我说上联写其"永恒"，下联指其"宏大"。老师同意我的意见。他画了一幅《鲈乡思旧图》赠我。画上有诗，诗曰："今日情深思旧迹，鲈乡亭舍尽消亡。粉墙碧瓦凌空立，密叶交柯照水凉。宏大永恒成感召，艰辛奋斗各飞扬，画图一幅留将在，记取华东有沈王。"我将它裱糊了起来，一直都挂在我家墙壁上。

吴江中学(1934年)

我和堂兄沈启民感情很深。他只比我大一点点，但比我懂事得多。他经常讲：我们沈家现在不行了，很苦，而同乡的那些农民更苦，他们都希望我们沈家好，能够帮助他们。他本来身体很好，后来不知怎么的得了肺结核，大概于 1935 年离开了人世。临死之前，他对我说：“我不行了。你记住，你一定要为我们沈家争气，一定不要辜负乡民对我们沈家的希望，现在责任全落在你身上了。”这些话直到现在我还记得。

1934 年夏天，我从吴江中学初中毕业。我先投考江苏省立苏州中学，但没能考取，转而考入江苏省立苏州农业学校。虽然那时能考入省立学校就算是光荣的，但除了学到一些农业知识，对苏州农校我并无好感。记得刚入学不久，我祖母来学校看我，在校门口遇到校长唐志才，他从他坐的车子上下来，对她凶相毕露，吓得她转身就跑。还有一次我父亲来看我，我同班的一些同学都嘲笑他，说他不懂学校的规矩。在苏州农校的三年，虽然我读书成绩冠全班，但我很不愉快。每年放假回来我都找表兄田泓昭，请他帮忙补习普通高中的数理知识，因为我志在升学，希望毕业后能考上大学继续学农。

如果抗日战争是中国历史上的一座伟大丰碑，记载了中华民族抗击强敌终于获得胜利的历程，那么建立于抗战伊始而结束于抗战胜利的西南联大，则是抗战烽火中怒放的一朵奇葩。

在经常躲警报、物资极度匮乏的情况下，凭借自由、独立的精神，作为“民主堡垒”的联大，为国家培养了多少杰出的人才！

我们在和平环境下长期培养不出世界级的大师，原因值得深究，有必要从西南联大的历史中吸取经验。

第2章 走向科学

流离于安徽、湖北等地

1937 年 8 月，我去南京到金陵大学参加入学考试。金陵大学以农科而著名，但我投考的不是本科而是专修科，因为专修科的学费低廉，而且两年即可毕业，我家尚能勉强支付我两年的学费。我刚考完，八一三事变爆发，日寇在上海登陆侵略我国，南京也开始挨日本飞机轰炸，回家的火车票变得很难买到。我在街头幸遇同乡刘素娟，她留我在她工作的汉口路小学暂住了下来。几天后，我总算回到家里。我家门前的那条河流是这个小镇通往都市的主要水上干道，我每天站在家门口看那驶来的载满难民的船只。两岸居民向他们打听："上海情况怎样？我们能抗战到几时？"大敌当前，人民同仇敌忾，到处可见。不久后，我收到录取通知书。在那国难深重的日子里，我是留在家乡，还是去南京报到入学？祖母极力要我留在她身边，但我几经考虑，还是决定去南京入学。父亲在我临行前，对我说：

“千万要注意敌机的轰炸，要避免无谓的牺牲，必要时可以从军抗日。”这句话在我以后的流亡生涯中一直铭记在心。10 月中旬的一个早晨，我终于离家。母亲将东拼西凑来的 90 多元钱放在我的内衣里，给我做好两床被套，要我到学校时买棉絮装上。因此我只带了一个手提的藤箱就上路了。祖母、父母和我的两个妹妹都到家门前的那座小桥边为我送行。我含着眼泪和他们告别，这一别就是 8 年。

南京连日遭日机轰炸，金陵大学主体已迁往武汉，农业专修科则迁到安徽和县的乌江镇。我从小镇搭火轮到苏州，当时阊门一带的街头都是从上海撤回的前线伤兵，从苏州去南京的火车因为敌机的轰炸，已经无法搭乘，所以我一到苏州就改乘长途汽车至无锡。在无锡的一家小客栈中住宿一宵后，继续乘车抵达南京。此时南京刚遭敌机轰炸，我就匆匆赶往下关，再搭轮渡至北岸浦镇，找到一家小客店住宿。翌日晨在大雨中我折回下关，然后搭轮船至安徽和县。一上岸就是和县的乌江镇，这样我就找到迁在一家祠堂内的金陵大学农业专修科注册上学了。在乌江镇上外界消息全无，我一直担心在战火中的家人的安全。我想家，特别想念我的祖母。我几次走到乌江镇边的霸王庙前，凭高远眺，俯瞰长江，默默地祝愿故乡无恙，我家无恙。

11 月末学校忽然通知，农业专修科要西迁至武昌，要大家整理行李离开乌江。同学中有一位姓张的青浦朱家角人，他劝说我和他一起留在乌江，然后设法绕过战区回家。我当时曾为之心动，但想起父亲临别时对我的嘱咐，没有同意。战后知道日寇侵占和县时曾大扫荡大屠杀，如留在该地势难幸免。而我那位同学后来也就再无消息。

我和同学们登上了两艘雇来的大帆船，直驶安庆。到了安庆后我们在轮船码头排队等候那艘还停在江中的客轮“大上海号”，到上船时已是深夜。我们排在许多旅客的后面，而我又是排在同学们的最后。所以等我上船时，甲板上所有的空位已经客满，但我总算找到了一个放在甲板旁的救生艇，就一头钻到里面睡觉了。抵达汉口后，我们被安置在一个教堂里。那时我们才知道，大场失守，淞沪沦陷，南京已岌岌可危了。金陵大学原先迁到武汉华中大学的部分已准备西迁至四川成都华西大学，而我们去向未定。此时全国各地到武汉的青年学生纷纷参加救亡组织，奔赴抗日前线。我该何去何从呢？我在彷徨中想起同乡钱其相在武汉大学法律系念书，就写信告诉他我在武昌的地址。不久其相就赶过来看我。他告诉我武大在准备西迁，他要我搬到他在武大的宿舍去住，不要等金大内迁的消息了。在这个时候遇见幼年时的同学，我高兴得不得了！我也顾不得什么了，立刻把我想去武大居住的意见告诉老师，老师表示同意，于是我当即就随同钱其相渡江去武昌珞珈山，到武大和他同住在列字斋75号宿舍。

在武汉大学我一住就是两个多月。我曾听过武大学生会组织的关于抗战的报告。陈立夫、周恩来都向同学们做过报告。陈立夫善于辞令，将抗战的希望寄托在西方国家特别是美国的军事干预上。周恩来是由长沙临时大学（即西南联大的前身）的几位同学陪同来的，他强调持久抗战，坚信抗战必胜。他的报告使同学们对国家前途增强了信心。武昌和汉口到处贴着“民族至上、国家至上、抗战第一、胜利第一”之类的大幅标语。抗日气氛的高涨使我忘却离家之苦。

12月12日南京沦陷，武汉受敌机的空袭增多了，武汉大学决定迁往四川乐山。我正在彷徨，不知何去何从的时候，忽然一天在汉口街头看见了我的同乡马应朋。他见我流落在武汉，就告诉我他在广西的工作地址，要我必要时去找他。有了一个去处，我心中踏实多了。后来不知怎的，我又在汉口街头看见了一张贴在墙上的报纸，登载了教育部关于战区学生登记去后方学校借读的通告。于是我就找到那个登记处，鉴于马应朋在广西，我就登记去广西大学农学院借读。当时我对此不抱什么希望，哪里知道正是这个机遇使我在流亡生涯中找到了一个重要的去处，这个去处对我今后的科学生涯是多么的关键啊！

到广西大学借读

1938 年 3 月初的一个早晨，钱其相送我至武昌火车站乘开往衡阳的火车。我预备到衡阳后再去广西投奔马应朋。在衡阳我住宿一宵，然后改乘汽车去黄沙河镇，那是广西和湖南的交界处，从那里隔河我就看到广西境内竖起的一块非常醒目的横牌，上面写着“建设广西、复兴中国”8 个大字。在流亡途中看到它，我的精神不禁为之一振。我在黄沙河旁的一家伙铺住宿一晚。翌日晨继续搭车，渡河时汽车开上水上的木排，由木排顺水漂流撑到对岸广西，然后直驶桂林。到达桂林汽车站后，所有旅客都要登记在桂林的住处。我因不知住何处是好，向在站上的执勤警察打听。他告诉我桂林只有一条大街，但有不少旅馆，建议我填桂林旅社。他知道我是流亡学生，还诚恳地告诫我在旅馆里不要住过一个星期，否则就有被抽壮丁的危险。我就按他的忠告，在登记单上填了桂林旅社，随后也就住进这家旅馆。马应朋在汉口时告诉我，到桂林后可去找他江苏教育学院的同学、现在广西省教育厅工作的孙某。所以到桂林的第二天我就去教育厅找他。一见面他就热忱地陪我去车站，买了去贺县的汽车票。贺县地处广西梧州境内，靠近广东。我乘车经平乐至八步镇。八步镇是广西产钨矿的重镇，我在此住宿一宵后，第二天早晨再搭车至贺县。记得到贺县是在上午

10时左右。我急走到贺县初中，向门房提出要见马应朋，哪知门房回答我，学校没有此人。这时我真慌了，我身边只剩两元桂币，合国币一元，该如何是好？我赖着向门房求救。我说："我家在战区，千里迢迢来找我的一个同乡马应朋，缘何他不在此地！"说话之时，一个教员模样的人擦身而过，听到我的话后回头对我说："有，马应朋是在这里，我去通知他。"不久马应朋出来了，我多么高兴啊，似绝处逢生。

在贺县中学，我和马应朋住在一个小楼上的宿舍里，平时帮助学校做些缮写工作，大多时候为老师们的讲义刻钢板。每天吃饭时，校工将伙食送到宿舍里，应朋总是将碗里仅有的一个荷包蛋用筷子夹成两半，将一半给我。每隔两周他带我去贺江边的一爿茶店吃"甜包"。患难中的友谊真是无价的。在贺县中学我待了约3个月，深感前途茫茫。一天我独自走向街头，看到一张报纸登载了教育部分配战区学生入后方大学借读的名单。我急着找分配到广西大学的名单，一看就发现我的名字——我被分配到柳州广西大学农学院借读。我非常高兴，立即奔回学校告诉马应朋。应朋听到这个好消息如同亲受，为我祝贺。7月底应朋也决定离开贺县中学去他的母校，在桂林七星岩的江苏教育学院工作。我随他同行，到桂林后两人分手，临别依依。他嘱咐我如果在经济上有什么困难要告诉他，他会接济我。抗战胜利后我才知应朋病逝广西，恩情未报，一生遗憾。

广西大学农学院在柳州沙塘。我从柳州乘车抵达沙塘，停车站靠近广西农事试验场的办公大楼。我拿了金陵大学农学院的学生证到办公室去询问关于广西大学农学院借读的事情。哪知见我的却是场长马保之先生，他是马君武先生之子，金陵大学农学院毕业生。他非常热忱地为我打电话给农学院院长王益涛，告诉他我是战区学生，由教育部分配来借读的，希望能到学生宿舍去住。哪知王益涛一口拒绝，说暑假期间不能分配宿舍，要等到 9 月开学时才能入住。马保之二话没说，再打电话给农业试验场的苗圃，介绍我去苗圃住宿。于是我就去找苗圃的负责人顾文斐。很巧，顾文斐也是金陵大学农业专修科毕业的，他要我和他同住在一间宿舍里。在苗圃我早晨起来和工人们一起干农活，后来跟一位浙江大学农学院毕业的叫李维庆的技佐，做水稻杂交试验。根据水稻雄蕊对温度的敏感性，将花蕊先置于有约 50 摄氏度的热水瓶内处理约半个小时，使雄蕊失活，然后将计划进行杂交的植株的花粉喷上，再用黑纸包好。我最感兴趣的是试验栽培的陆稻，好大的枝叶，生长旺盛，长出深紫色的稻谷，但据说稻谷产量不高。为了温习英文，我借到一本开明书店出版的屠格涅夫著的《初恋》英译本。每天早晨在出工前，我总是捧着它在田埂上高声朗读，背诵其中我觉得有用的词句。在苗圃一个月，我还识得好友郭銚，浙江孝丰人，浙江治虫人员养成班毕业。他一直关心我的生活和学业，可是后来我离开沙塘后就中断了联系。至今我时常想念他，几次打听他的消息都没有结果，但愿他康健尚在。

当时的广西大学校长为白鹏飞，广西人，原北平大学校长，而农学院院长则为王益涛，原北平大学农学院院长。王益涛曾留学日本，在前东京帝国大学学习农业经济。广西大学农学院的教授大部分来自北平大学农学院，并曾留学日本，如著名的生物统计学教授汪厥明，昆虫学教授易希陶，作物栽培学教授程侃声等。细胞遗传学教授于景让是抗战开始时从日本回国的。只有植物学教授兼广西植物研究所所长张肇骞①是留学英国的，而他是浙江温州人，与王益涛是同乡。我初到时王益涛之所以拒绝我迁入

① 张肇骞（1900—1972），植物学家，中国科学院学部委员（1955）。1926 年毕业于国立东南大学生物系，1933 年被派赴英国皇家植物园与爱丁堡植物园留学，研修植物分类学与植物区系学，1935 年归国。

校内住宿，主要因为介绍人马保之是“留美派”的缘故。由此可知那时“派别关系”的泛滥。

广西大学农学院设有农艺系、病虫害系、畜牧系和森林系，在沙塘这个偏僻的小镇上，一边上课一边建筑校舍，在我的记忆中倒是一个宁静而朴实的求学之地。在那里我有幸得识我的恩师张肇骞教授，他的普通植物学课令我对植物学发生兴趣。课余时我常到植物研究所去向他求教一些植物学方面的知识。老师知道我流亡在外，生活困苦，有时叫我到他家中做客。师母桂秉镛，江西人，常常给我讲一些故事，告诉我中国生物学界前辈如秉志、胡先骕先生的治学和为人。从师母那里，我还知道我师张肇骞是浙江永嘉县永强镇出名的孝子。我一直崇敬他，听从他的教诲。第二位给我印象较深的是于景让教授。于先生的文学底子很好，那时柳州也受到

1938年与同学朱维巧(右)、刘导民(后)摄于广西柳州

日机的轰炸，在逃警报时他常和他的助教张培英（后来成为他的夫人）将一些外文的短篇科学论著翻译成中文。他翻译得很快而且译文流畅。于景让先生为人正直，他对农学院院长王益涛在周末用车去桂林看京戏表示不满，因而成为当时留日派教授中不受欢迎的人。于先生一直关心我的学业，1947 年我将赴美国留学，在上海遇到他，那时他任台湾大学教授，他将出售一套关于农学研究的外文杂志所得的 70 多元美金送给了我。自那之后，我就再也没有见过他。

正当我在广西大学农学院过着满意的学校生活时，张肇骞师忽然告诉我，广西大学将改为国立，由马君武任校长，农学院院长亦将由马保之担任。因此农学院的大部分教授都将撤换，由农事试验场的高级技术人员如陆大京、柳支英等任教。虽然马保之一再挽留肇骞师，但他仍决定去贵州湄潭浙江大学生物系任教。鉴于我对植物学有兴趣，肇骞师介绍我去昆明西南联大上学，希望我能赶上联大这一年度的转学考试。他为我写信给西南联大生物系教授张景钺[①]，同时也写信给云南大学生物系主任严楚江[②]。肇骞师告诉我，张景钺是他在东南大学求学时的老师，严楚江是他的同学。他说西南联大是当今中国最好的大学之一，那里没有什么宗派主义，如能考上，对我的前途将有很大影响。但如没有考上，可去云大上学。老师对我的苦心由此可见一斑。

我在 1939 年 7 月中旬离开沙塘。到柳州后，翌日清晨，我就去找在柳州候车去贵州的肇骞师。当时肇骞师住在一个旅馆里，他还没有起

① 张景钺（1895—1975），植物形态学家，中央研究院院士（1948）、中国科学院学部委员（1955）。1925 年从美国芝加哥大学获得博士学位，中华人民共和国成立后历任北京大学植物系主任、生物系主任。

② 严楚江（1900—1978），植物形态学家。1926 年毕业于东南大学园艺系，1932 年获美国芝加哥大学哲学博士学位。

1989 年应邀访问广西（左3沈善炯）

床，从蚊帐中伸出手来给我早已预备好的 200 元国币，叮嘱我到昆明后就给他写信。我从柳州到昆明须经贵阳，于景让先生与我同行，因为他去成都四川农业试验场工作，也须经贵阳转车。我们坐的车，座位都是木板做成的，我坐在车子的后座，汽车一路颠簸，我的屁股都磨破了。血液渗到我的裤子外面，痛苦不堪，但我忍着，到了贵阳才告诉于先生。在贵阳约待了 3 天，于先生邀我吃了几顿美餐，他要我考好西南联大的转学考试，说这对我的将来太重要了。他为我买了由贵阳经云南曲靖去昆明的汽车票。记得在我去昆明的前一天，他先乘车去了四川成都。

广西是收养我这流亡学生的地方，也是我进入大学之门走向科学的起点。当我离开广西去云南途中，我思念不止，犹似我第二次离开故乡。

转学到西南联合大学

我到昆明后，去找我在小学时的同学钱任，那时钱任在云南大学化学系念书，也在准备转学西南联大。从他那里知道转学西南联大并不容易，于是我就改变主意，先去云南大学找生物系主任严楚江。生物系在云南大学一座名为会泽楼的高楼的底层。我见到严楚江先生，交给他肇骞师给他的信。严先生对我表示欢迎，还向我介绍云大生物系的教授，如崔芝兰、徐仁，还有同济大学生物系在此兼职的石声汉等。他要我在这里安心上学。严先生将我托付给他的助手潘清华。当天我住在潘家，翌日潘先生为我办好住宿手续，住在云大的学生宿舍里。但此时我的心思不在云大而在西南联大。我知道转学考试的日期已近，我必须去联大找张景钺教授。

一天上午，我摸到西门外西南联大“新校舍南区”，在一排简陋的平屋里找到张景钺教授。我向他自我介绍，并给他肇骞师的介绍信。初次见面我觉得他平易近人，因为话不多，又感到他很严肃。他看到介绍信后，写上几行英文批示，要我拿着介绍信和广西大学农学院一年级的学业成绩单去找系主任李继侗[①]。我记得张景钺师在介绍信上写着“He is earnest...”我偷看后暗暗自喜，猜想老师第一次见面就对我有了好感。找到李继侗先生后，李先生要我留下在广西大学借读的成绩单，并告诉我转学考试的日期和地点。这次参加转学考试的有10多人，我总算被录取了。按学校的规定，第一学年为试读生，一年后成绩及格才可成为正式生。我

① 李继侗（1897—1961），植物学、生态学家，中国科学院学部委员（1955）。1925年在美国耶鲁大学获博士学位。

考取联大以后却不敢告诉严楚江先生，怕他不高兴，但最后我还是去找他了。哪知严先生热忱地祝贺我能去西南联大上学，随张景钺教授学习。他的学者风格深刻地教育了我。我感到惭愧，因为，我做了一件不诚实的事。我投考联大，事前没有告诉严先生，而且这样做也违反了肇骞师的原意，虽然事后肇骞师原谅了我，但我怎能原谅自己！

西南联大是抗战时期由我国北方三所大学——北大、清华和南开在云南昆明联合而成的。西南联大的校歌为：

> 万里长征，辞却了五朝宫阙。暂驻足衡山湘水，又成离别。绝徼移栽桢干质，九州遍洒黎元血。尽笳吹、弦诵在山城，情弥切。
>
> 千秋耻，终当雪，中兴业，须人杰。便一成三户，壮怀难折。多难殷忧新国运，动心忍性希前哲。待驱除仇寇复神京，还燕碣。

这首至今流传的联大校歌，指出了联大精神。联大的教育方针是培养有扎实根基、渊博知识的学生。读人文学科的学生要多知道一些自然科学的知识，而理工科的学生也必须对人文学科有所了解。理学院的学生在一年级时必须上数理化专业共同的必修课。而且这些所谓普通课都是由著名教授，且一般都是由系主任上的。我在广西大学农学院学过的一些功课都不被承认学分，如高等数学、普通化学，甚至国文和英语都要重修。因此在转学联大的第一年，即大学第二学年，我功课繁重，感到吃力。这一年我成绩平平。记得我补修的普通化学是由化学系主任杨石先教的，第一学期我只得60多分。最使我感到突然的是我的作文成绩只得66分。朱自清先生找到我，说他知道我有些不服气，所以向我解释。他的大意是：作文是语言的艺术加工，不是辞藻的堆砌。而辞藻也决不能杜撰。作文要有内容，有文法。这件事对我教育很深，从此我作文时注意用词与文法。令我略感欣慰的是，中国通史课吴晗教授给了我 96 分。当时雷海宗教授的历史课更火，选修的人太多，我没能选上，就选了吴晗的。结果我发现吴晗的课也讲得很有意思。直到现在我还记得他对“撼山易，撼岳家军难”的分析。他说，那是因为岳飞治军很严，岳家军与老百姓关系很好，得到人民的大力支持。他的那些话让人联想到位于延安的共产党政权。

体育课也是必修课，而且从大学一年级到四年级都必须上体育课。体育的总负责人是马约翰教授，那时他已经 50 多岁了，依然神采奕奕，穿着一件皮夹克往来于同学中间。他强调两种健康，physical health（身体健康）和 mental health（心理健康），不但教我们体育活动的方法，还教我们如何做人。记得最后一次课是马约翰教授上的，他告诉我们，他曾带一个中国代表团去参加国际比赛，虽然最后没拿到奖牌，但中国运动员的参与精神还是很好的。还有一个词是他经常说的，sportsmanship（公平竞争精神），通过体育课堂中的竞赛，我们在不知不觉中接受了这种精神。他是一个了不起的人，后来清华大学为他竖了一个铜像以纪念他。男同学的体育课具体由黄中孚和侯洛询负责。上课都讲英语。我选过黄、侯两位老师的课。上课时先跑两圈，老师在旁边喊着“Left，right！Left，right！”有时插几句逗人的玩笑话，使大家感到轻松愉快。记得我在三、四年级时都选侯老师的课。每学年开始大家都排队报名，有一次排在最后的矮个子，化学系的王宝贵，忽然高声报出：“王——宝——贵”，大家顿时哈哈大笑，因为听起来好像是“王八龟”（乌龟）。每学期都有体育考试，但如在一学期中没有缺过课，即使不考试也给 60 分及格。同学很少有不及格的，主要因为大家需要它。

除上外文课老师讲外语外，有些必修课，如数学课的老师也讲英语。还有些老师生在南方，如教我们植物学的吴蕴珍老师是江苏青浦人，上课时就以英语代替他的江南口音。生物系主任李继侗先生平时很少笑容，大家开始都有些怕他。他要求学生很严，每学期注册时，他逐个查看学生选修的课程，甚至选修课的老师。有时同学选修的是那些容易得学分的课程，或者是容易给学生及格的老师所主持的课，李先生总是讽刺地说："不能选这种'豆腐'课!"现在回想起，李先生对我们严格要求是正确的，因而我们常常怀念他。植物生理课主要由殷宏章教授教，娄成后先生也参与。他们常常讲到一些化学上的原理，给我们以启发。我的恩师张景钺先生教我们植物形态学。这是一门描述性的学科，通常不容易引起大家的兴趣，但在先生的讲教下则不然。他以其渊博的知识从细胞分裂的动力学来解释生长点中叶原基（leaf primordium）和花原基（floral primordium）的形成。讲到植物演化与系统学时，他从古生物、植物性世代的演化，来教导学生。他的课引起了同学们的兴趣。那时我对植物发育和世代交替发生了兴趣，如苔藓类植物和蕨类植物的配子代体（gametophyte）与孢子代体（sporophyte），在基因组上前者为单倍体，后者为双倍体，形态完全不同，由此我就想到遗传学的问题。还有，老师讲到一些苔藓类植物的个体是分枝状的（dichotomous），当生长到一定时间时在分杈处会形成一个死亡带，这样将个体分成两个。对这个繁殖现象我一直感兴趣。这就是现在所谓的程序性死亡（programmed death）。老师总是鼓励我去想象，去找兴趣。其实这是联大的学风，既严谨又鼓励每个人去表达自己，发现真实的自我。

那时昆明几乎每天都要跑警报。一般都在早晨9时左右，刚好上完第一节课，警报就响了。同学们习以为常，从容地从新校舍后门走向北面的山陵地区。记得有一天我看到离新校舍不远的山路上，有人用粉笔写着“教授的图书馆从此向前走”的字样。后来才知道这是同学告诉大家陈寅恪先生在那里，可以去听他在课堂上没有讲到的课。我没选过陈寅恪先生的课，但很认同他的那句名言——“自由之思想、独立之精神”。在躲警报期间同学们也常常假此温习功课或讨论问题。当敌机飞走后，警报解除，我们又从容地返回学校，如果时间尚早大家又都回到教室继续上课。

晚上自修的时间是学习紧张的时候。记得我们所修的功课，老师都指定一本必读的参考书。在每堂课将上完时，老师在黑板上写上“assignment”，要同学参考那些资料和完成课外作业。由于老师指定的参考书在图书馆里所存有限而且不能借出，所以晚饭后大家都在图书馆门前排队，希望能借到一本参考书，找个好位置坐下来阅读，但从不争先恐后去挤去抢。我有几次看到心理系的沈有鼎教授和大家一样也在排队。当图书馆的门一开，大家鱼贯而入，决不一哄而上。

因为图书馆的座位有限，我们常常到学校附近凤翥街的小茶馆去看书。那里茶馆林立，后来成为联大同学念书、讨论功课或议论时局的场所。凤翥街靠近昆明城的西门，街上来来往往走着许多赶着小毛驴的小商贩。他们通常穿着一件皮制的背心，嘴里吸着一支竹制的水烟筒，当毛驴走得慢时，就用一根皮鞭轻轻地打在毛驴的屁股上，嚷着：“你家嘛，咋个整！不听话啦!”随着毛驴不断拉屎，石子铺成的街上响起“噗”、“噗”的声音。好一个诱人回味的景色！茶馆老板都很客气地接待我们这些穷学生。初时他们发现我们在茶馆里泡一壶茶一待就是一个晚上，便悄悄地将屋子里的电灯换成一个小号的，这样我们便无法在微弱的灯光下长时间看书了。他们还将我们喝过的茶叶取出后反复使用，这样可以废物利用，省钱嘛！但同学们不计较这些，而且久而久之与茶馆老板熟悉了，结成友谊，于是小号灯泡又换成了大号，茶叶也不废物利用而给好茶了。茶馆成了联大同学的读书之家。联大人至今没有忘记凤翥街上的小茶馆。

大部分联大学生都有经济上的困难。拿我来说，除了前面提过的那早已花光的 90 元钱，我再也没从家里得到过任何支持。我之所以能在广西大学和联大维持 4 年，主要靠教育部给流亡学生提供的贷金。每月贷金数量不多，仅够供应非常简陋、没有什么菜的午餐和晚餐。有些同学就利用课余时间去昆明的中学兼课，或者去搞点家教，以谋得一点收入。我专心上学，没任何兼差，早晨就常常只能饿着肚子。前些时间我读到一本书，上面提及当时的教育部长陈立夫说过的一段话，原来抗日战争期间，给流亡学生提供贷金是他提出来的。虽然规定学生在大学毕业参加工作后要归还，但实际上他并没有做那个指望，而因为通货膨胀等原因，学生们后来也未能真正归还。但这个制度对于抗日时期的人才培养工作还是起了重要作用。他的这段话是对的。若没有贷金，像我这样的人是根本上不了大学的，这是当时的政府做的一件好事情。我们这代科学工作者之所以能在 1950 年代克服困难归国，努力运用自己的所学回报人民和国家，跟这不无关系。我很希望我们现在的政府能给更多的学生以更大的帮助，使那些没钱、少钱的穷学生也能上得起学。

每年春节期间，新校舍 32 号宿舍门上都会贴上一张红纸。有一年，横幅上写有 5 个大字：“万般皆下品”。这不是宣扬“唯有读书高”，而是提醒同学不要忘记救国，有讽刺和警惕之意。学校有个进步组织叫群社，定期出墙报贴在新校舍大门内的墙上，揭露国民党的腐败，鼓励同学为抗战胜利和建设明天的中国而奋斗。墙报上的文章和漫画，颇能引起同学们的兴趣。据说《云南日报》有时派人来摘录一些内容加以转载。记得有一天，我在新校舍大门口亲眼见到一个妇女从一辆深蓝色的汽车中走下来，拉住一个云南小孩大骂，说他将汽车划出了一条纹。那孩子苦苦认错求饶，引来不少同学观看。第二天群社就在墙报上登载了这件事，并直呼其名，批评这汽车的主人和那个骂孩子的女士——原来那是联大三位校长之一的蒋梦麟和他的夫人。蒋梦麟住在重庆，这次是来昆明访问的。与群社墙报对立的是国民党三青团贴出的墙报，同样文采飞扬，为国民党辩护。记得为了天主教神父雷鸣远的问题，两个墙报曾进行过剧烈的“舌战”。我有幸得识我的同乡、联大历史系的任孝揆（又名任以沛），他是群社的创始人之一。他介绍我阅读罗曼·罗兰等人的文学著作，要我知道爱憎分明。孝揆曾任驻印度使馆参赞，已故世多年，我常常怀念他。

那时教育部规定各级学校每周一都要举行纪念周。所谓纪念周，其实是在纪念孙中山先生的名义下，宣扬政府的政治主张。联大根本就不管这一套，自行组织每月一次的学生集会，叫国民月会，在图书馆前的场地上举行，同学可自由参加。同学们曾邀请一些名人像陈立夫、杜聿明、宋希濂、林语堂等来国民月会做报告和回答一些问题。令人记忆犹新的是1942年的“倒孔运动”，也即鉴于国民党政府的腐败，联大同学发起的“打倒孔祥熙”的运动。有一天，在举行国民月会、请抗日将领宋希濂做完报告后，同学们列队进城游行。这个运动引起昆明各界的响应，不少学校的学生中途参加游行。梅贻琦校长得悉后匆匆赶来，焦急地在通往联大的路口守候。他用幽默但又严肃的口气向回到学校的同学们说：“我看到你们个个平安回来，松了一口气。你们以后写标语千万不要忘记标点，不然要惹大祸的啊！”校长这话是指同学们在游行时贴的标语：“拥护龙主席打倒孔祥熙”中间没有标点，便成了拥护龙主席去打倒孔祥熙了。我那时已经毕业，只参加了月会，没去游行。听说梅校长的这句话后，我肚子都笑疼了。其实这是同学们的策略，并非偶然。梅校长的出现使返校的同学们感到温暖。三千学生都怀有一颗心，联大是我们的家，校长是我们的家长。我们生活在自由、民主、团结友爱的大家庭中。

西南联大设有三个校长：北大的蒋梦麟，清华的梅贻琦和南开的张伯苓，实际负责的是梅贻琦。梅校长主持联大校务公平民主，从无任何偏袒之心。教师之间，同学之间从来没有因为来自不同的学校而有隔阂。据说有一次教授们在西仓坡梅校长家开会，有一位教授忽然提起学校在分配担任系主任的职位上三个学校不够公平，就遭到大家的冷淡。由此可见，任何不利于三个学校团结互助的言论在那里都是没有市场的。西南联大熔北大的兼容并蓄，清华的严谨，南开的豪迈之风于一炉。联大校歌中“千秋耻，终当雪，中兴业，须人杰。便一成三户，壮怀难折”说出了联大的风气。三校之所以成为联大者，旨在洗雪国耻振兴中华，因此壮怀不折。联大同学受到优良风气的熏陶，均自觉地勤奋学习，讲秩序，讲礼貌，培养远大理想，以天下为己任。

一位已故校友、1943 年的毕业生王民嘉说，如果抗日战争是中国历史上的一座伟大丰碑，记载了中华民族抗击强敌终于获得胜利的历程，那么建立于抗战伊始而结束于抗战胜利的西南联大，则是抗战烽火中怒放的一朵奇葩。他说得很好。在经常躲警报、物资极度匮乏的情况下，凭借自由、独立的精神，作为“民主堡垒”的联大，为国家培养了多少杰出的人才！我的挚友邹承鲁曾经写过一篇文章[①]，建议北大、清华和南开大学各抽一部分力量在昆明原址共同重建西南联大。我读到后给他打了个电话，说那根本就不可能做到。他回答道：“我知道，但我故意要这样提。”我明

① 邹承鲁：《建议重建西南联大》。刊载于《科学时报》，2006 年 2 月 16 日。本段下引文字出自该文。

白他的意思，他想通过这种特殊的方式引起大家对已被遗忘的西南联大办学方针的注意。正如他所说，联大之所以能够在短短的 8 年时间内，“为我国培养了大量的优秀人才，包括一些世界级的大师”，“除集中了一批优秀教授外，学术民主、学术自由，风气浓厚是极其重要的原因。当年的西南联大是教授治校，思想自由，对各种学派的教授兼容并包，贯彻的是百家争鸣的办学方针”。我们在和平环境下长期培养不出世界级的大师，原因值得深究，有必要从西南联大的历史中吸取经验。

自从 20 世纪 90 年代以来，中国刮起了一股高校合并风。有一次我去华东医院看病，有几位老干部问我：“现在许多学校都变了，比如上海第一医学院本来很好的，为什么要并到复旦大学去呢？美国有个有名的麻省理工学院，它为什么不并到哈佛大学去？”我跟他们说，这得去问负责当局。在我看来，根据自上而下的命令进行组织形式的合并未必会成功，像北大、清华、南开三校一样，应时代的需要，进行自发地自下而上、精神实质的联合才真正可取。

到清华大学农业研究所做研究

在物资匮乏、物价飞涨的战争环境下，西南联大的老师大多没有条件做科学研究，连实验课我们也上得很少，在我的印象中，只有化学类课程，尤其是高崇熙教授开的定量分析课做过一些实验。生物方面，我们只是看看标本（包括缩微胶片），到野外去认认植物。连老师都做不了什么研究，学生更不用说，大部分同学的所谓毕业论文都只是某个领域的文献综述。我当时面黄肌瘦，一口上海土话，不知什么原因，得到了张景钺教

1944年在昆明清华大学农业研究所留影
后排左起：俞大绂、沈善炯、戴芳澜、方中达、裘维蕃
前排左起：尹莘耘、尹夫人、戴师母、裘夫人

授的青睐。他很关心我，看我对微生物学有兴趣，就把我送到清华大学农业研究所戴芳澜教授那儿，请他指导我做一些实验研究。

清华大学农业研究所位于昆明西部的大普集村，距离昆明市区七八公里，有独立的研究经费，并不属于西南联合大学，由戴芳澜①教授任所长。

① 戴芳澜（1893—1973），真菌学和植物病理学家，中央研究院院士（1948）、中国科学院学部委员（1955）。中华人民共和国成立后历任北京农业大学教授、中国科学院植物所研究员、应用真菌所所长、微生物所所长。1935年戴芳澜应聘到清华大学时，校方本拟请他担任农业研究所所长，但他坚辞不就，只肯任病害组主任。这个研究所存在了12年，始终没有所长。据程光胜：《戴芳澜传》，中国科学院微生物研究所编印，2008年。

在他的指导下，我以昆明地区的水生真菌为题完成了毕业论文。1942 年夏我在联大毕业，李继侗先生告诉我，我已被分配到清华大学农业研究所植物病理组做研究助教，随戴芳澜先生工作。当时得到这份工作是不容易的，我因此感到高兴。

在清华农业研究所时，戴芳澜老师指导我研究古瓶菌（chytrids）的形态和生活史。古瓶菌是真菌中原始的一类，那时中国还没有人研究它。老师对我的工作要求很严，在工作期间要求贯注精神于工作，不许看书，甚至有关工作的参考书也不许在实验室看。每天早晨戴老师总是一手摇着他那挂表的链子来到实验室，一跨进门就半开玩笑地说："发现了新东西没有？"如果被他发现在看书，他就一板脸转身走了。记得有一次我在偷看一本张肇骞老师寄给我的细胞遗传学书 Sensome & Philip：*Recent advances in plant cytogenetics*（《植物细胞遗传学新进展》），被他发现了。他问我："你看这本书觉得怎样？"我回答他："我不觉得怎样。"他又问："你看完了没有？"我回答："还没有看完。"他听到我的回答后就走了。哪知老师回家后向师母发脾气："那老沈在实验室看书，还没看完就妄加评论，说那书并没有什么，这样浮躁的年轻人岂能搞科学研究。早知道如此，我是不要他来工作的。"这是老师要我端正治学态度，切忌浮躁之气。开始我很不习惯，但后来我逐渐理解老师对我的期望并且铭刻在心。因我对古瓶菌的研究产生了兴趣，我的工作取得了一些结果。我的第一篇论文发表在《美国植物学杂志》（*American Journal of Botany* Vol. 31，April，1944）上。这篇论文的英文是戴老师写的，但他没有署名。我的英文译名（San-Chiun Shen）也是他起的，一直沿用至今。

戴先生有时候带我们到附近山上去采集真菌标本，严肃认真但又幽默。他曾说："我的第一个学生周家炽是个怪物，现在看来你也是一个怪物，要怪物成群了！”我心里想：“难道老师也是怪物吗？”但不敢问他。还记得有一次去昆明滇池畔的西山，上山时看到路边长着一簇伞菌，亭亭玉立。我想采几棵回去，但老师笑着不许。等到我们下山时再找它就不见了，化成了一片黑水。老师笑着说，它们走了，已完成了繁殖的任务，它伞下的孢子从此散播在大地上。现在知道这也是有计划的凋亡（apoptosis），菌丝体多酚氧化酶（polyphenol oxidase）可能起重要作用，值得探索。由于我对微生物遗传发生兴趣，而戴老师早年曾在纽约植物园随道奇（B. O. Dodge）研究过链孢菌（*Neurospora*）的遗传，他竟同意我在工作之余看道奇和林地克利（C. C. Lindegren）的文章。

设在大普集村的除清华大学农业研究所、金属研究所和无线电研究所外，还有中央研究院化学研究所的图书馆和北平研究院的药物研究所等机构。这个地方风景秀丽，每逢假期，联大同学常来这里游览。我的好友柏铨、梁敬璋也常来看望我。大约1942年底，我在这里认识了来大普集游玩的联大同学卢盛华。她与我同一个年级，念的是经济系，当时在一个造币厂做会计。她美丽善良、温柔体贴，我很快就被她所吸引，一进城就去找她，若没找到则很失望。作为清华的助教，我当时的工资很少，而她的收入则相对较多，所以，我们在星期天约会时，吃饭大多是由她付钱。记得有一次我们下馆子，因为很便宜，小饭馆早已没有空桌，我们俩要坐在一起很不容易。这时有一个云南人主动换座位给我们，并风趣地说：“你家（你们）下江人没这么客气吧。”

1944年3月，我赴大理喜州的华中大学工作，盛华和我同往。她被聘任为喜州的一所高中——五台中学的教师，教英文和数学。喜州风景美丽，我俩爬过附近的点苍山，并常漫步洱海之滨。那时我们有幸得识挚

1992年与挚友申泮文合影

友，现任天津南开大学化学系教授的申泮文[①]。1944 年 6 月 23 日，我和盛华在喜州结婚。泮文盛情地为我们的婚宴烧了很多菜，在附近工作的有些联大同学也来参加了我们的婚礼。

我在华中大学生物系只待了一年，主要工作是教植物学。当时学生很少，我只记得一位叫慕容慧玲的女同学，她毕业后去了四川华西大学工作。

因为对遗传学感兴趣，我冒昧写信给在重庆的中央研究院植物研究所所长罗宗洛[②]，询问曾在日本留学的细胞遗传学家于景让是否在植物所工

① 申泮文（1916—），无机化学家和化学教育家，中国科学院院士（1980）。1940 年毕业于西南联合大学化学系，时任华中大学化学系讲师。

② 罗宗洛（1898—1978），植物生理学家，中国科学院学部委员（1955）。1930 年从日本北海道帝国大学获得博士学位。中华人民共和国成立后历任中国科学院实验生物所研究员、植物生理研究所所长。

1944年与夫人卢盛华在昆明

作。罗宗洛热忱地给我回信，称于景让会回来工作，并希望我去该所工作，以助理研究员职称聘请我。因此我于1945年夏天辞去华西大学的教职，到重庆北碚中央研究院植物研究所工作。盛华没有同往，她返回昆明，等我工作安排好后再来重庆。

植物研究所位于北碚附近金刚碑的一个小山坡上。这个研究所刚成立不久，设备简陋。罗宗洛自己负责的植物生理学研究也没有开展。他和他的学生金成忠、黄宗甄和倪晋山等主要在看书，并每周定期举行学术讨论。我与管财务工作的张仲实同处一室，每天看文献。天气好热，晚上我常和一位叫刘玉壶的研究植物分类的同事从后山坡去附近的北温泉乘凉，半夜才回来。因此在植物研究所这一年间，我常写信给我在昆明的老师和朋友，希望回去。

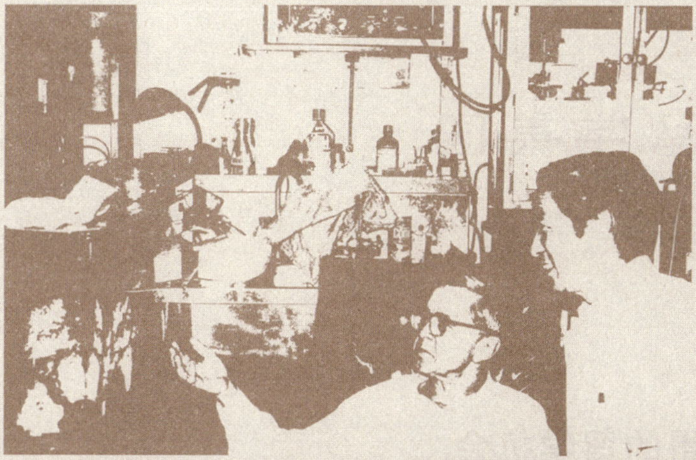

每天都能听到他们对工作进行剧烈的辩论甚至争吵。这种争吵或者竞争是在合作的基础上进行的，因为目的在阐明真理。

坚持好的传统，面向新的挑战，是加州理工学院的学风。伟大科学家的风格和学校的优良传统感动了我。

在那国难深重的日子里，我辗转流亡，终于找到了科学之门。西南联大是培养我成为科学工作者的摇篮，而加州理工学院则把我送到一个较高的台阶上，使我了解科学研究的前沿。

第 3 章 留学美国

难得的留学机会

1945 年 8 月 15 日，日军无条件投降，那时我在四川北碚中央研究院植物研究所工作。10 月 2 日接到父亲从家乡（当时称沦陷区）来信，知道伯父于 1942 年被日寇杀害，祖母因悲伤过度，在 1943 年 8 月 4 日病逝。得此噩耗，我心尽碎，国难家仇一起涌了上来，仿佛又回到那凄风泪雨的童年。

1946 年西南联大复员，北大、清华、南开各自回归原址。我听从景钺师的安排，离开植物研究所，到北平任北京大学生物学系研究助教。在中美学者交流计划的资助下，当时我师正在美国加州大学伯克利分校任客座教授。他亲自拜访当时在斯坦福大学执教、即将去加州理工学院接替摩尔根担任生物系主任的比德尔（George Beadle）①，推荐我为研究生随他学

① 比德尔（1903—1989），生化遗传学家。因为提出“一个基因一个酶”学说获得 1958 年的诺贝尔生理学或医学奖。

习遗传学。经我师一手操办，1947年我接到了加州理工学院给我的奖学金和入学通知。

1946年回到故乡，与阔别八年的父母和两位妹妹重聚
右起：前座，父沈时则、母沈贞、女儿沈韦(抱着)
后排：沈善炯、卢盛华、沈三珠、沈同维

迫于解放军的节节胜利，当时北平的国民党政府正在忙着南迁，出国留学这类事情已趋无人负责状态。一天下午，我和盛华在北大红楼外的路上散步，巧遇她的老师、经济学家杨西孟教授。听说我赴美留学遇到困难，杨教授极力劝我去找校长胡适。他说胡适之先生是一个非常普通的人，特别乐于助人，所以第二天我就径自去找他。校长办公室在一个大院子内靠东的一间很简陋的屋子里。第一次见面，我就发觉胡适之先生果然是一个普通的人，非常平易近人，难以想象他是一位大学校长，我来时的拘谨之感顿时消失。胡先生曾任我国驻美大使，我在西南联大念书时，他不在学校，所以我没有见过他。他看了加州理工学院给我奖学金的通知书后，便答应由北大为我申请

办理出国手续。

不到两个星期，我所住腊库胡同宿舍的门房老马送来教育部部长朱家骅的批示，同意我办理出国护照。于是我再访胡适之先生。那是在适之先生的家里，晚上 8 时左右。胡先生对我说，现在向政府申请外汇已不可能，但北大决定派两位年轻人赴美留学，一位是我，另一位是物理系的助教（名字我记不清了），由他私人给我们俩每人 90 元美金作为赴美的旅费。接着他就将已签名的 Chase 银行的支票给我，并叮嘱我将来取得奖学金时，再用支票送 Chase 银行还给他。他在该银行的存款一直用来接济青年学生经济上的需要。当他正在和我谈话时，桌上的电话铃忽然响了，我想回避，但先生叫我不要走。我听到他对着话筒说："您不要来了，我现在有事，稍后我会去看您的。"然后把电话挂断了。他笑着对我说："那是李宗仁来的电话，我没有空……"当时我感到惊讶，要知李宗仁时任国民政府主席北平行辕主任，而我只是一个小助教，先生却不因为李宗仁是大官而中止和我的谈话。我想，如果我与胡适之先生易位的话，难免我会说："沈善炯，我有要事，我们择时再谈吧。"适之先生真是一个普通的人，待人不分贵贱。此事使我难忘。

是年 8 月我离开北平回南方准备出国，胡适之先生在百忙之中找我谈话，记得那时在他办公室外有不少人在等着要见他。那次谈话他显得郑重但又很诚恳。他说，通过几次交谈，他发现我有几个值得注意的事项。他举例说，有一次谈到比德尔时，我曾说比德尔即将获得诺贝尔奖，他认为在没有事实根据前这种说法不妥。还有，他说我在谈吐中，在表达自己的意见时常说某某人也是这样的想法，这也是不妥当的，自己要说或做的事为什么要搬别人出来？寥寥数语，意味深长。先生已去世多年，我怀念他，没有忘记他留给我的短暂的身教与言教：凡事要独立思考，重视实践；要做个普通人，蔑视那些趋炎附势的风派人物。

大师云集的加州理工学院

回南方后，我到南京在外交部办好护照，然后去上海美国领事馆签证。我在上海乘美国总统轮船公司的“戈登将军号”客轮，抵达旧金山时已是1947年末。到洛杉矶时，埃默森（S. Emerson）开车来汽车站接我。在生物系报到时，比德尔高兴地问我：“中国植物学界发生的一件有意义的事是什么?”我一时回答不出，他笑着说：“胡（先骕）博士发现了水杉，一个活化石。”我当时感到很难受，为什么我毫不知道发生在自己国内的重要科学发现!

加州理工学院（California Institute of Technology）简称CalTech，其办学思想建立在“科学的整体性”的观念之上，强调不同学科的相互整合。新任生物系主任比德尔教授就将遗传学与化学结合成了生物化学遗传学，即分子遗传学的前身。我有幸正在这个时期在这个学校学习。感人至深的是比德尔的治学与为人。他的“一个基因一个酶”学说曾受到物理学家德尔布吕克（M. Delbrück）[①] 的异议。德尔布吕克认为这个学说的主要根据是那些链孢菌营养缺陷突变型，这是受选择条件的限制，那些不符合“一个基因一个酶”学说的突变型被选择掉了。比德尔接受他的批评，同时邀请他来加州理工学院任教。他们后来在建立分子遗传学的工作中结下了友

① 德尔布吕克（1906—1981），德裔美籍生物物理学家。因为发现病毒的遗传复制机制和基因结构获得1969年诺贝尔生理学或医学奖。

老师比德尔(右)和德尔布吕克(左)(1978年10月)

谊。那时比德尔实验室的访问学者很多，来自五湖四海，一般有三种倾向：一类是倾向其基因-酶的学说而来工作的；还有以链孢霉突变型研究代谢产物如氨基酸、维生素、核苷酸的生物合成的；另一类就是对这个学说有异议，为找出错误和缺点而来工作的。我的老师诺曼·哈洛威士（Norman H. Horowitz）巧妙地应用温度依赖性的条件突变型（conditional mutants）的分析来支持“一个基因一个酶”的学说，回答德尔布吕克的质疑（*Advances in Genetics*，Vol. Ⅲ，1950）。上述三类工作的相互作用使比德尔在后期将其学说改变为“一个基因一个多肽”。

德尔布吕克的实验室更为热闹。德尔布吕克是物理学家，受核物理学家玻尔（N. Bohr）的影响而研究生物学。在加州理工学院时他给我们开一门生物物理课。他活跃的思维吸引了国内外的许多科学家，如卢里亚（S. E. Luria），赫尔希（A. D. Hershey），以及法国的莫诺（J. Monod）和

1981年与同学、诺贝尔奖得主特明(H. Temin)合影

雅各布（F. Jacob）,[1] 德国的物理学家本泽（S. Benzer），弗利士（E. Freeze），物理化学家斯顿特（G. Stent）等均云集于此。每天都能听到他们对工作进行剧烈的辩论甚至争吵。这种争吵或者竞争是在合作的基础上进行的，因为目的在阐明真理。比德尔和德尔布吕克先后获得诺贝尔奖。

生物系的另一特点是凡优秀的研究生，毕业后均不留校。在比德尔的生物化学遗传学盛极一时的情况下，由摩尔根的大弟子斯塔蒂文特（A. H. Sturtevant）主持的经典遗传学同样朝气蓬勃，沿着遗传与发育的研

① 卢里亚（1912—1991），意大利裔美国生物学家；赫尔希（1908—1997），美国生物学家。因为发现病毒的遗传复制机制和基因结构，他们俩与德尔布吕克合得1969年诺贝尔生理学或医学奖。莫诺（1910—1976），法国生物化学家；雅各布（1920—），法国遗传学家。因为提出“信使核糖核酸”和“操纵子”学说，他们俩与雷沃夫（A. M. Lwoff）合得1965年诺贝尔生理学或医学奖。

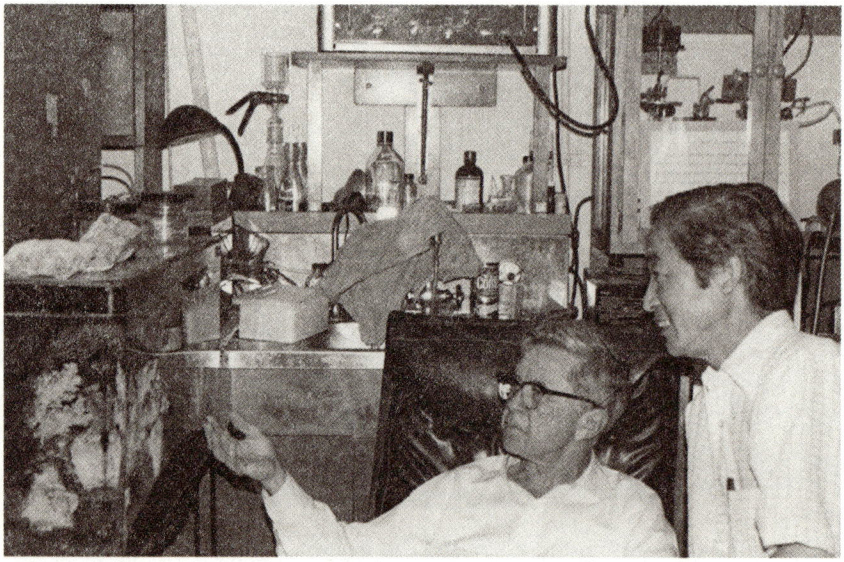

1981 年与加州理工学院的老师、诺贝尔奖得主刘易斯合影

究方向前进。后来刘易斯（E. B. Lewis）① 以果蝇为材料研究个体发育，获得了诺贝尔奖。坚持好的传统，面向新的挑战，是加州理工学院的学风。伟大科学家的风格和学校的优良传统感动了我。加州理工学院继西南联大之后，教育我的不仅在科学知识，重要的在如何做一个真正的科学家。

在那国难深重的日子里，我辗转流亡，终于找到了科学之门。西南联大是培养我成为科学工作者的摇篮，而加州理工学院则把我送到一个较高的台阶上，使我了解科学研究的前沿（frontier）。这是我的机遇，时代的机遇。

---

① 刘易斯（1918—2004），美国遗传学家。因对早期胚胎发育机制的研究获得 1995 年诺贝尔生理学或医学奖。

获得博士学位

1950 年的初夏，美国南加州的天气特别炎热。空气中的尘埃经过强烈的日光照射，刺激着行人的眼睛，使人感到很不舒服。可我当时顾不上这些了，我的博士论文工作正处在最后阶段，我除了偶尔因事去过洛杉矶几次外，什么地方都没有去，一切的时间和精力都用于读书和工作上。我既希望获得好成绩，不辜负我国内的恩师张景钺教授的期望以及现在的指导教授哈洛威士对我的重视，又要赶时间计划在 1950 年的夏季完成我的博士学位的考试。要知道那时分子遗传学正在加州理工学院诞生，比德尔和德尔布吕克学派的工作吸引了国内外许多优秀青年学者来此学习，这正是加州理工学院生物系的全盛时期。我能碰巧于这样的时候在这里学习，是非常幸运的。班上同学之间竞争很激烈，而我是向来不甘心落于人后的；再加上我感到自己的数理基础差，还要补读几门必要的化学课程，因此一直处于过度的紧张和劳累之中。

按规定，要取得博士候选人资格，必须通过五门指定学科的考试。记得 1949 年秋的一天，在准备学科考试的时候，我忽然咯血了，我很惊惶。幸亏我的好友周家炽从英国剑桥大学来美准备回国，特地赶来加州看我，而系主任比德尔知道他是一位有经验的植物病毒学家，聘任他作为访问学者参加维尔德曼（S. Wildman）的工作。老周的到来使我在寂寞的异乡有了知音，我把我吐血的事偷偷告诉他，他安慰我，要我去看病并注意适当的休息。那时肺结核病还是一种可怕的传染病，肺结核病患者是要被隔离的，如果我被人知道得了这种病，那我的学业以及将来的工作都要受到极大的影响。因此我只能偷偷摸摸地去洛杉矶找一个中国医生看病，经过 X 光片摄影检查，他说我两肺都有结核病灶，但都在纤维化中，要我每天保证睡足 10 小时。为了遵守医嘱，我就从学校的宿舍搬到附近的密西根街 175 号去住。房东史密斯太太安置我住在楼上。这样，我每天中午赶回去午睡两小时，二时半后再赶回实验室开始紧张地工作。

我很喜欢我那间临窗的小卧室，墙上贴着我妻子卢盛华寄给我的从我故乡农村采来的紫云英花。看着它们，我就像回到了中国，回到了我亲人身边，享受着他们的温情和关怀。

一个月后，我发觉自己胖了，碰到我的人都说："Shen, you look very good!"（沈，你的气色很好！）我很高兴，相信我的病已经在好转。我每天晚上依旧工作到深夜才回去。实验室的人包括我的导师哈洛威士，还有一直关心我的麦琪·弗琳（Marge Fling）都不知道我患肺结核病。同室的博士后研究员费耐（B. O. Phinney）和同学赫斯根斯（F. Haskins）虽然觉得我工作不像过去那样卖力了，但也不当面问我。

5 月底我开始撰写论文，弗琳总是热诚地帮我修改英文。我的好朋友丕根（K. Paigen）是主修生物化学的，他是巴尔索克（H. Borsook）的高足，也常常和我讨论我论文工作中涉及的酪氨酸酶的动力学问题。我论文的题目是"Genetics and biochemistry of the cysteine-tyrosine relationship in *neurospora crassa*"（《关于粗糙链孢霉菌中酪氨酸、半胱氨酸关系的遗传学和生物化学》）。我对自己的论文并不满意，觉得有些工作还没有完成，例如酪氨酸酶的诱导问题，是一个重要的关节，没有进行深入的遗传分析。老师哈洛威士后来也感到遗憾，我们失去一个机会去阐明基因表达调控的机理，因那时乳糖操纵子学说尚未建立。当我写好论文以后，哈洛威士替我选择 6 月 25 日为我的论文答辩的日子，说这是一个吉祥的日子。

栽克密艾斯脱教授(1948年)

我的副修导师（我在加州理工学院主修遗传学，副修有机化学），著名的有机化学家栽克密艾斯脱（L. Zechmeister）教授对我在论文的前言中提到感谢他对我的关怀时的一句话“Thanks to his encouragement and inspiration to me，during the time of pursuing knowledge away from my own country.”（感谢他在我远离祖国追求知识期间对我的鼓励和启发）特别感兴趣，他说这是中国人的风格，不忘家乡。老师是匈牙利人，知道不少中国的历史。在第一次世界大战中，他因作战被俄军所俘，后来逃回匈牙利后在瑞士苏黎世大学念书和任教。不知怎的他一直对我很好，有时握着我的手，叫我：“Shen，my son!”（沈，我的儿子!）我跟他做的论文是关于β-胡萝卜素的分离和异构反应（tautomerism）。我也选修他在化学系开的一门杂环化合物的有机化学课。当有人来参观他的实验室时，他总是风趣地介绍：“This is Shen from China. Shen is an organic chemist，but a poet as well!”（这是来自中国的沈，他既是一位有机化学家，又是一位诗人!）因为他看到过我因为想念家人而做的一首小诗，所以这样开玩笑。1949 年 9 月的一个晚上，当他听到苏联爆炸第一颗原子弹的广播后，匆匆和他的夫人来找我，劝我完成学业后不要就回国，他可以用他美国海军部的科学基金资助我在他的实验室工作，同时设法使我的妻子从香港来美国。我为他的热忱和关心所深深感动，但我不能接受，我必须回到我的祖国。老师的关怀我聆教了，老师的恩情难忘！

6 月 25 日下午 1 时，我的论文答辩开始了。我的博士论文答辩委员会成员有比德尔、米切尔（H. Mitchell）、博纳（J. Bonner）、埃默森、冯·海凡尔（Van Harreveld）、马克特（C. Markert），还有我的两位指导老师哈洛威士和栽克密艾斯脱。是否还有德尔布吕克，我记得不是很清楚了。冯·海凡尔是神经生理学家，荷兰人，他的荷兰口音很重，而我的英语更是土音百出。比德尔在场说了个笑话，他说："那年 Mr. Yin（殷宏章）在答辩论文时，冯·海凡尔问他一个问题，殷回答了，冯·海凡尔却听不懂，在场的人都说殷的回答很清楚，而且似乎听懂了冯·海凡尔的口语，但冯·海凡尔提的什么问题，大家倒没有听懂。"逗得大家一阵大笑。我的论文顺利通过了。我的老师哈洛威士向我表示祝贺。栽克密艾斯脱先生特地把一本他新出版的著作 *Progress in chromatography*：*1938-1947*（《色层分析的进展：1938—1947》）送给我。他事前已在书上签了名——To Dr. Shen，My Student，June 23，1950. L. Z.。为了纪念我的这位老师，我一直珍藏着这本书。

因为我通过论文答辩的日子已过了 1950 年的学年度，所以按规定，我算是 1951 年获得博士学位的。

我的老师哈洛威士推荐我去两个地方做研究员（相当于后来的"博士后"）。一是到加州大学伯克利分校细菌系随斯坦尼尔（R. Y. Stanier）工作，另一个是到威斯康星大学生化系随斯内尔（E. Snell）工作。我妻子卢盛华劝我多学些实用的东西，因为现在中国百废待举，亟须建设。鉴于她的意见，我决定去威斯康星大学。接着我订了 8 月中旬去芝加哥的火车票。当时加州理工学院的校园并不平静。朝鲜战争的爆发和钱学森回国的被阻，对在此的12个留学生影响很大。钱先生当时是加州理工学院喷气推进室的主任，也是流体力学权威、著名火箭专家。大家都在考虑，是留在美国继续自己的科学研究呢，还是回国参加新中国的建设？我虽然想留在美国再工作两年，好好利用一下美国科学研究的条件和气氛，但内心还是有些动荡不定的。中国科学工作者协会驻美分会①号召留学生回国参加新中国的建设，对我感召颇大，特别是钱学森先生的毅然决定回国，促使我决定立刻回国。我于是就在一个下午由帕萨迪纳（Pasadena）乘电车去洛杉矶总统轮船公司，订了8月31日从洛杉矶开往香港的威尔逊总统号轮船的三等舱船票。在订票的地方我结识了在美国学习电影艺术的徐里，他从美国东部的耶鲁大学赶来订票，想搭乘威尔逊总统号回国。回到帕萨迪纳后，我即取消了去芝加哥火车票的预约。

比德尔知道我改变主意准备回国，便热忱地介绍我去参加斯坦福大学冯·尼尔（C. B. Van Niel）教授举办的一个微生物生理的短期学习班。据说按规定参加这个学习班的，除具备Ph. D学位外，还要经过一个考试（可能是面谈）才可。可是比德尔说他可以写信介绍我，免去考试。冯·尼尔是以荷兰克卢韦尔（A. J. Kluyver）为首的德尔福特（Delft）学派的微生物学家。他注重比较生物化学，对光合作用做出过杰出的贡献，因此被公认是一位造诣很深的生物学家。我同一实验室的赫斯根斯就决定报名考试。可是参加这个学习班要花两个月的时间，我如果打算在8月底回国的话就来不及了。考虑再三，我只好不去，失去了一个非常难得的学习机会。

---

① 该会于1949年夏天在芝加哥正式成立，后遭美方摧残，被迫解散。

从7月开始，经密歇尔实验室的屈列尔（W. Drill）的介绍，我去加州大学洛杉矶分校生化系的邓恩（M. S. Dunn）教授处以研究员的名义做氨基酸的分析研究。但大部分的工作我还是在加州理工学院做。我对这种工作毫无兴趣，只不过考虑到回国后可能会有点实际用场，才硬着头皮做。也就是在这个时候，哈佛大学医学院的戴维斯（B. Davis）教授到加州理工学院来开了一个叫“大肠杆菌遗传学”的短期学习班。我起初对此并不注意。有一天戴维斯忽然到实验室来找我，说要和我谈谈。我一见戴维斯就觉得他很英俊、神气。我们俩在实验室的走廊上边走边谈，他要我正视比德尔学派关于“一个基因一个酶”的学说，而且大力推崇我老师哈洛威士的贡献。他规劝我不要像一般美国孩子那样只喜欢技术不注重理论。我知道，他当时已听说我在羡慕我的同学赫斯根斯，因为赫斯根斯跟密歇尔教授学到了很多有机化学技术。接着戴维斯就直率地要我参加他的

1984年与戴维斯摄于哈佛大学医学院

学习班，他说这个班已开始一个星期了，但我还能赶上。于是我就开始上他的课。我学习他首创的青霉素选择大肠杆菌营养突变型的方法，而且得到了一些突变菌株。当我获得了突变型后，就在含基本培养基的琼脂平板上画线培养，测试突变型间的互饲（cross-feeding or syntrophism）现象，判断突变发生在代谢物质合成中的位点。戴维斯的概念和方法其实来源于比德尔学派。他的工作除了支持比德尔关于基因控制酶的学说外，在生物化学方面对大肠杆菌中芳香族氨基酸的生物合成研究也做出了杰出的贡献。我清晰记得，当年他在课堂上凭借大家实验所得的所谓双价、三价、四价突变型的分析，聪明地断定芳香属化合物生物合成中的步骤。我还向他要了一些氨基酸双突变型菌株，预备回国后做氨基酸分析用。

在不到一个月的时间里，戴维斯和我结下了师生之谊。在我此后的科学生涯中，我逐渐认识到他当年对我教诲的意义与我的无知。他在患前列腺癌之后，还写信给我，要我不要悲伤。他说他仍坐在轮椅上与世界各国科学家交换意见，希望能在波士顿见到我。可是他不久就离开了人世。我已无缘再与他相见交谈了，只能在心里常常念叨他，一位当代杰出的科学家。

在我离开美国的前几天，老师哈洛威士正在海滨度假，他特地赶回来看我。临别依依，他对我说："沈，你回去也好，当然留在美国做一段研究工作对你是有帮助的。但既然决意回国，就不要再踌躇了。你完全有能力开展你的工作，凡事顶重要的就是要有信心。我有一位研究历史的朋友，开始时有点信心不足，后来不是工作得很出色吗！我给你一封信，现在你不要看，离开美国后，在旅途或者回到中国，你可以拆开来看看……"老师的亲密助手弗琳在8月30日中午，也就是我临离美国的前一天，送我到堪克霍夫（Kerckhof）楼的底层门口，她对我说："你走吧！

我们在 10 年内一定能再见！你的女儿邦比，我一定会坚守诺言，等她大学毕业后，我会设法介绍她到美国来做研究生。”我心底对她满怀感激，在我的异国生涯里，她对我有过诚挚的关怀，也有过坦率的批评。我多么需要这样的良师益友。然而我与她一别不是 10 年而是 28 年！人世沧桑，如今弗琳已不在人间，往事历历，但已无印证。

这些日本兵核对了我们的姓名后，强行把我们的头发剃掉，脱去衣服，浑身都洒上六六六粉，然后换上印有"P"的灰色犯人衣服并给我们编号。

我感到气闷难受，拼命呼叫着赵忠尧和罗时钧的名字，同时用力敲打铁门，但无人回应。我闷得把头向牢房的四壁撞去，后来我昏昏沉沉地在地上睡着了。

这位身材矮小，40岁左右的军官对我们说："既然你们一定要回大陆，我们也不勉强。但有一言相告，你们要准备好回去洗脑筋！"

第 4 章

东京蒙难

1950 年 8 月 31 日是我离开美国的日子，研究航空的冯元桢同学邀请我在他家吃午饭，为我饯行。午饭后，曾在我老师实验室做博士后的梯史（H. Tease）同学，开车来帮我搬行李，送我去洛杉矶。他知道我在加州理工学院的两年半时间里没有出过远门，连近在咫尺的世界电影胜地好莱坞也没有去过，所以他特意驾车到好莱坞城，给我看了一下中国大电影院，再往电影明星住的山坡上兜了一圈。当我们到达总统公司的码头时已在午后二时许。许多中国留学生都已陆续上船了，我在加州理工学院的同学唐有祺、郑哲敏等都来送行。当我要走上船时，一位站在我旁边的美国人指着我对另一个穿船员制服的美国人说："这人也是。"我立刻直觉到这里面有问题，就对唐有祺等说："我不走了，我要退票!"但是唐有祺等还是陪着我上了船，就此事询问船上事务长室（Purser's office）的一个美籍华人。他查看了旅客的名单后对我们说："没有什么问题，只是你缺少经香港的过境签证，届时补上去就行了。"

我听了也就放心地上船去找舱位。这艘船上的中国旅客共190多人，大都是中国留学生，不少是从欧洲途经美国而回国的。同船回国的除加州理工学院的赵忠尧、鲍文奎和罗时钧[①]外，还遇到了一些从前在西南联大念书时的熟人。在船上大家组织各种游艺活动，同时自我介绍学历和归国后的志愿与希望。那时遗传学在国内已遭到贬视，我国一位名叫李景均[②]的有才干的遗传学家，因为受到当权的李森科一派的攻击，无法立足，被迫避走美国。我深知回国后要继续研究遗传学是不可能的，但是我学的是生物化学遗传，这几年对生物化学有一定的基础和兴趣，我可以暂

1983年在第十五届国际遗传学会议期间与鲍文奎合影

① 赵忠尧（1902—1998），核物理学家，中国科学院院士（1955）。1930年从美国加州理工学院获得博士学位，1946年应邀赴太平洋比基尼岛参观美国原子弹爆炸实验，随后到麻省理工学院、华盛顿卡耐基学院研究原子核物理，1949年到加州理工学院继续这方面的研究。鲍文奎（1916—1995），作物遗传育种学家，中国科学院院士（1980）。1950年获美国加州理工学院博士学位。罗时钧（1923—），空气动力学家，师从钱学森，于1950年9月在加州理工学院获得博士学位。

② 李景均（1912—2003），遗传学家，生物统计学家。1940年从美国康奈尔大学获得博士学位，1941年回国，先后任广西大学农学院教授、金陵大学农学院教授、北京大学农学系教授兼系主任。1950年3月被迫离开中国，1951年赴美，历任美国匹兹堡大学生物统计系教授、系主任，并曾担任美国人类遗传学会主席。

时舍遗传而搞生化。因此在船上我闭口不谈遗传学，大家都只知道我是学生物化学的。我常常一个人在暮色苍茫时分走到船的甲板上去领略一下海风和湛蓝的海上景色，想想即将见面的亲人和从未谋面的新中国。海上的航行很平静，但太平洋并不平静。二战刚告结束，朝鲜战争又起，我把这一切都归诸美国帝国主义的行为，同时为自己能离开那样的国家，投身自己祖国的怀抱而高兴！

载着游子归来的巨轮在破浪前进，离祖国和自己的亲人渐渐近了，但离这几年在异国他乡关心和教育我的老师和朋友也渐渐远了。交叉着的思绪缠绕着我这样一个多愁善感之人，但最后总是被我内心的一个向往所吞没——我正在走向一个光明的中国。

巢鸭监狱

船到檀香山，我花了两元美金和大家一起乘车游览了一些地方，如第二次世界大战时美军的阵亡将士墓和日本空军偷袭珍珠港时留下的痕迹，有些沉舰的残骸还露在海面。当天晚上威尔逊号轮继续东航，9 月 12 日清晨抵达日本横滨港。船并没有靠岸，只停在港外。7 时左右我们刚起床，忽然广播响了，说三等舱的床位要调整，要赵忠尧、罗时钧和我带随身行李到指定的房间去住。当我们三人走出三等舱时，一个美国人对我说："你们在东京的朋友要见你们，快些跟我走。"我拿着一个手提箱，走慢了一些，那人就绷着脸对我说："Don't be smart!"（不要自作聪明！）我感到情况有些不妙。我们三人就这样被急匆匆地带到了头等舱的一个客房里，那儿早已有人把守，一个穿军装的美国人宣称他们是美国中央情报局

（CIA）驻横滨的官员。他们将我们三人分别进行交叉询问。一个情报人员指着手中的一份船上旅客名单对着我说："你看船上一百几十名中国旅客，有哈佛大学的、麻省理工学院的，为什么我们偏偏要找你们加州理工学院的，你们自己明白。"又说："钱学森，你们是知道的！"接着强迫我到厕所间脱去衣服，让他们仔细检查，并把我随身的行李中，他们认为重要的东西，如我的实验记录，打印的一些抄本，以及一些菌株和试剂等悉数扣留。下午三时左右，我们三人乘小汽艇被押送到横滨码头。我们在汽艇上看到威尔逊总统号轮船的甲板上，挤满了中国留学生，他们倚靠着栏杆向我们伸手致意。我知道他们正在为我们担忧。但我很坦然，自恃没做什么违法的事，我是中国人，学成回去，报效祖国是堂堂正正之事，他们不敢把我怎么样。汽艇一到横滨码头，立刻就由一辆汽车将我们带到横滨市的一幢楼房里，那是美国中央情报局驻横滨办事处。他们要我们在那里等候"东京方面"的消息。房间里窗户很少，闷热难熬。我们提出要求，要他们说明扣留我们的理由，回答是要检查我们在船上托运的行李，又说现在台风袭击横滨，轮船不能出航，等台风过后就把我们送回船上。① 旋即一个情报人员又将我们带到一间较大的休息室去等候。半夜 12 时以后，一个美国军人才向我们宣布，说威尔逊号已离开横滨，因为我们的行李存在舱底，一时无法取出，所以要等该轮从香港返回日本时才能提取进行检查。因此我们只好在日本等待。接着不由分说，将我们三人推上了汽车，说是送往东京的一个地方去等候。当汽车开动时，那个看守我们的中央情

① 关于赵忠尧、沈善炯、罗时钧三人被扣的真实原因有两种说法：一种认为与钱学森事件有关，美国情报部门怀疑钱学森将机密文件分散到了同期归国的加州理工学院赵、沈、罗、鲍（文奎）等人手中；另一种认为赵忠尧为国内购置加速器是导致被扣的主要原因，他也可能将国防秘密材料分散到了沈、罗、鲍等人手中。见高源：《"赵忠尧事件"始末》。刊载于《院史资料与研究》，第 31~50 页。

报局人员对我们傲慢地招招手说："祝你们好运。"

到了东京中野，开汽车的那个美国军官一路上向站岗的日本警察打听，我只听到"stockade"（监牢）一词。我知道我们将被扣押。不久，我们果然被送到了中野的美军第八陆军监狱。这一夜我们三人都睡在一间狱室的铁床上，铁门外荷枪实弹的美国兵在监视着我们。翌日晨两个美国兵给我们上了手铐，我和罗时钧铐在一起，而赵忠尧则单独铐着，押送到东京下野的巢鸭监狱，这是战后一座关押日本战犯的大监狱。一到监狱，进入犯人手续室，就看到满屋子都是日本兵。我的脑海里马上出现抗日战争中我嫡亲的伯父遭日寇杀害，我的故乡遭日寇的焚烧和劫掠的情景，我自己也曾被迫流离迁徙、无以为家。国难和家仇未雪，今天自己却又落入敌人之手，这真是莫大的耻辱和愤恨！这些日本兵核对了我们的姓名后，强行把我们的头发剃掉，脱去衣服，浑身都洒上六六六粉，然后换上印有"P"的灰色犯人衣服并给我们编号。我的号目是 1347，赵忠尧的是 1346，罗时钧的是 1348。他们命令我们每人拿着犯人号目拍一张照，然后强行把我们分别关在漆黑的牢房里。我感到气闷难受，拼命呼叫着赵忠尧和罗时钧的名字，同时用力敲打铁门，但无人回应。我闷得把头向牢房的四壁撞去，后来我昏昏沉沉地在地上睡着了。这就是 17 年后我在"文革"中被关押时发生疯狂般痛苦反应的心理根源。下午二时左右，我们三人被押送到监狱的另一方向，押送我们的美国兵，即狱卒（jailor）告诉我们，要把我们关到"中国犯人部"去，并说刚才关禁我们的地方是死牢，即判死刑犯的牢房。在押送途中，我们看见一些日本战犯在路边的一个篮球场上打球。他们见到我们，就指着我们龇牙咧嘴地叫嚷："支那！支那！"可见这些战犯在美国占领军的控制下并没有受到应有的惩罚和教训，所以气焰依然嚣张。

在“中国犯人部”关押的犯人都是犯有盗窃行为的中国人，看守犯人的则是美国狱卒。这个犯人部共有三层，我们三人被分别关在第二层的三个狱室里。每个狱室内关有两个犯人，和我同室的犯人是在日本做生意的台湾人。他吸毒成瘾，夜里一发毒瘾，就躬起胸背，满地乱滚。我们都睡在铺着草垫的“榻榻米”上，而且规定头部必须靠近铁门，因为这样便于狱卒查夜。一个狱室约三平方米大小，一端有一张桌子，翻开桌面是洗脸的水槽，旁边是一个抽水马桶，盖上马桶盖便可当凳子坐。赵忠尧住在我隔壁的狱室，同室的也是个台湾人。罗时钧却在我们狱室对面一排的狱室里，与他同室的是个天津人，好像姓王，在日本多年。据那人自己说，在二战时他曾当过日本在南太平洋作战时驾驶自杀飞机的所谓“神风突击队”的航空兵，他是因犯盗窃罪被捕的。令人注意的是一个姓廖的犯人，他的狱室和罗时钧住的狱室同在一排。但他住一个单人狱室，而且可以自由行动，任何时候都可以在室外走廊上散步。后来知道此人原籍台湾，毕业于南京金陵大学，曾在浙江大学化工系教过书，据说因为在日本鼓吹台湾独立，反对国民党占领台湾，而被关押在这里。

这个所谓“中国犯人部”不久前曾关押过日本战犯，据说东条英机关在和我们狱室近邻的第 18 号狱室。狱室没有设 13 号，不知怎的这里也讲忌讳。

犯人们每天早晨都在室外一个铺有煤屑的大广场上集中，大家可以自由散步交谈。在广场的北首有一个特殊的房子，门上的编号为 13 号，这是绞刑室。据说杀人凶犯土肥原（土肥原贤二）就是在这间屋子被绞死的。每天下午有一次所谓“放风”的时间，当狱卒高呼“Mei Kai”（大概是日语，谓见面的意思）时，犯人们就得很快地串到想要去的狱室里去会友。不到五分钟狱门就会被关上了，而且狱室里规定只能容三个人。因此我们三人只有在早晨那次集中的时候才能聚在一起。有次我的狱室里忽然多来了一个人，可狱门早已关上，此人听到狱卒的皮鞋声由远而近，就忽然两臂展开，二腿伸直，一跃而起，很快从两壁似吸附而上，隐蔽在狱室的顶上，躲开了巡逻狱卒的发现，这真让我大开眼界！

那位姓廖的特殊犯人知道我们三人是从美国回大陆途中被关在这里的。在“放风”的时候，他常约赵忠尧到他的狱室里去打桥牌。我不会打桥牌，小罗会打，但不愿去。这里的中国犯人都是几进几出的，据说还有不少中国人因为在东京找不到能够糊口的职业，情愿故意犯罪，关到监狱里来——这里至少有口饭吃。

在监狱里允许写信，但只准许用铅笔写。写信时可向狱卒要信纸和信封，写好后不能封缄，要交给狱卒由他们代寄。我因为思家心切，年迈的父母还在望眼欲穿地等我回去，如果他们知道我被关押在日本，不知会怎样着急。我草草地写了一封信，安慰他们，说我无事，不久就可以释放回国。这封信到达了中国，我一直保存着它。

在我们被关押在巢鸭监狱的第三天，台湾驻日本的国民党官员来看我们了。我们走过了好几重铁门才到达犯人的会客室。每次通过时都有站岗的狱卒核查，可见这个监狱戒备森严。在会客室里，代表“中国驻日代表团”的两位国民党官员，隔着玻璃窗跟我们讲话，旁边陪着的是一位美国占领军总部（GHQ）的军官。他们向我们解释，是来设法营救我们出狱的，只要我们考虑去台湾或者回美国工作。我们三人都异口同声地回答：“我们的家人在大陆等着我们回去，我们决心回大陆，没有其他的想法。”这两人又说：“共产党和苏俄需要你们的科学技术，你们回去就是为他们效劳。”赵忠尧对他们说：“苏联在科技方面是很强的，不要小看他们。我们回大陆只不过是教教书而已，不做其他工作。”谈话很快结束了。

有一天一个在狱室外巡逻的狱卒，突然敲了敲我狱室的铁门，问我带了些什么重要的东西，有多少美金，怎么会被关到监狱来的，等等。我告诉他，我们三人都是在洛杉矶附近加州理工学院学习的。这次回中国大陆带的都是书籍和简单的行装，我们到现在为止还不知道究竟犯了什么罪要被关在这里。他听完后，对我的态度变得和善起来，而且告诉我，他在大学里是学心理学的，毕业后到 CIA 工作，刚派到这里。他家就在帕萨迪纳市。以后凡轮到他值班，他总在铁门外找我谈话，有时还给几个喝水用的纸杯子，告诉我一些外界的消息。我们三人一直焦急地等待美军检查我们行李的结果。后来也是通过他才知道威尔逊总统号早已从香港经日本返回美国了，看来我们的事情并非我们想象的那样简单。早晨犯人们集中的时候，我们商量决定写份报告，由我和罗时钧起草，要求 CIA 通过法律程序来判明关押我们的理由。我将报告交给了这个狱卒，请他转交。结果还是如石沉海底，杳无消息。

大概 10 月上旬的一个早晨，我从狱卒那里得到一张英文的破报纸，得知中国人民志愿军已进入朝鲜。报上还登载着穿棉军服的中国士兵被运往朝鲜的照片。这时监狱里的气氛已经开始变化，许多犯人都调走了，据说是被派去做装运军货的木箱。深夜狱卒们在狱室外的通道上走动的脚步声以及他们拿着手铐打开狱门押送犯人的声音都清晰可闻。真是风声鹤唳，连这个与世隔绝的监狱都吹进了紧张的时局空气。我生怕某个夜里他们会把我们三个人带走，让我们神秘地“失踪”。到了早晨，趁大家在广场见面的时候，我把我的忧虑告诉了赵忠尧和罗时钧。大家商定，如果他们要押走我们，我们一定要坚持在一起，不然宁死不走。下午放风的时候，我问那个与我有交往的狱卒关于我夜间听到的动静。他告诉我，我们这里的中国犯人都要搬往别处去，腾出来的狱室要关押朝鲜的战俘。接着他让我到隔壁的那个狱室里去看看，那里现在已经是空的了，但墙上写了密密麻麻的朝鲜文字，因为有些是汉字，所以可以猜测出大意——那个犯人在思念他的亲人和家乡。我在夜里听到的不断的啼泣声就是来自这个不幸的朝鲜人。据说他已被押往东京占领军总部审问去了。

那个好心的狱卒提醒我，快去请一个美国律师来催问关于扣押我们的事由。他说，在东京的美国律师很多，只要你们肯出钱，他们会来监狱办事的。与赵、罗两人商量后，我们向监狱提交了要聘律师为我们辩护的报告。不久，果然有一个美国律师到巢鸭监狱来看我们，同样在犯人会客室见的面。他记录了我们诉说的被捕经历，要我们耐心等待。他说，他会向有关方面联系，一有消息马上通知我们。这样我们觉得眼前好像有了一线希望，心境顿时轻松许多。

10 月 31 日的早晨，狱卒忽然来通知我们，要我们赶快出去。他们把我们带到监狱里的一间较大的屋子里，那儿已有一位带着 GHQ 臂章的军官，他彬彬有礼地自我介绍，说他是占领军总部的莱萨（Lacey）少校。他说，他奉命来宣布调查我们三人行李的结果，说我们并没有携带有关美国国防机密的资料，但带有违反美国货物出口法的一些物品。现在决定将我们开释，但由于我们在东京没有所属单位(affiliation)可以接纳，所以决定将我们送往“中国驻日代表团”，等下一班美国总统号轮船驶经日本时，我们可以搭乘回大陆。我们三人害怕国民党驻日代表团会扣留我们，然后胁迫我们去台湾，经商量后，要求莱萨少校保证国民党无权扣押我们。他同意了，并说他将亲自送我们去“中国代表团”，而且当面谈妥，我们在那里仅住两个星期，届时将由美军来接我们乘轮去香港。得到莱萨的允诺后，我们迅速赶回狱室取出随身的东西。那时狱室里的犯人都探出头来向我们打招呼，似乎他们早已知道我们将被释放。难忘的是与我同室的那个

国内的抗议、营救活动

1950 年 9 月 20 日，威尔逊号上的 111 位其他留美学生抵达广州。他们发表了告同胞书，内称：“我全体同学对这次美国陆军部借武力非法扣押我国学者和归国同学的行动，极为愤怒。我们除将上述情况报告我中央人民政府外，并向美国国务院提出严重抗议。”9 月 24 日，中华全国自然科学专门学会联合会在《人民日报》上发表宣言，并由科联主席李四光分别致电联合国大会主席安迪让及世界科学工作者协会书记克劳瑟博士，控诉美国帝国主义蹂躏人权迫害科学家的罪行，同时直接致电美国总统杜鲁门，就此事提出严重抗议，要求立刻释放被捕科学家，并保证今后不得有类似行动。此后一段时间，曾昭抡、华罗庚、张景钺等数百位科学家和教授以及北京、上海、广州、武汉、成都等地的数千位科技工作者先后参与签名声援活动，并致电美国总统杜鲁门和联合国秘书长赖伊，就扣押赵忠尧等提出严重抗议。（见：1950 年 9 月 23 日、9 月 26 日、9 月 30 日、10 月 15 日、10 月 28 日的《人民日报》）

美政府無理扣押錢學森趙忠堯兩教授
首都科學家和教授聯名抗議
並向全世界科學家控訴戰販血手玷污科學

清華大學航空系師生員工
抗議美當局扣留錢學森

1950年9月30日《人民日报》中的相关报道

台湾人，竟拿出他几天前留下来舍不得吃的一个苹果送给我。他紧紧地握住我的手，祝我平安回大陆。我也把一把梳子送给他，因为他没有梳子，正好以此作为纪念。人情是无价的，尤其在铁窗下的人情。时光飞逝，转瞬已50多年了。我们从那以后，再也没见过面，人海茫茫，世路艰难，我祝愿他尚在人间，仍能记得我这样一位狱友！

由于我常常谈起这件事和这个我已忘记了姓名的危难之中的“同窗”，“四清”和“文革”期间，这成了我维护资本主义、反对社会主义的证据。他们还说我宣扬在日本监狱里每天都有苹果吃，不像我们现在的生活那样清苦。其实在狱中我们吃的都是些乌贼的头足和黄萝卜等，偶尔才会发给犯人一个苹果，据说还是美军剩余的。

移交国民党“中国代表团”

离开巢鸭监狱后，一辆吉普车将我们送往东京麻布区的“中国驻日代表团”。当时我们毫无释放后重获自由的愉快心情，反而心情沉重，害怕上当受骗，被暗送到台湾。“代表团”在一个挂着一面“中华民国”国旗的大院子内。莱萨少校和一个美国兵把我们带到主楼二层的一个侧房里，交给一位等候在那儿的“代表团”武官。他拿出文件要对方签字验收，并当着我们的面说明两周后来接我们。

在二层楼正中的大楼前悬挂着蒋介石和李宗仁的像，右侧是办公室。我们被带到办公室外的一间会客室，接见我们的是“代表团”的秘书长陈延炯。他向我们简单地介绍这里的情况：团长是何世澧将军，在这里工作的有谢冰心女士和她的丈夫吴文藻等人。他说，你们在这里的生活由宪兵团团长马振武负责。后来马振武将我们安置在同一层楼的两间小房内居住。赵忠尧单独一间，我和罗时钧同住一间。因为天冷，房间内都烧有火炉，还供给我们许多瓶橘子水。当天晚上马振武带我们三人到他家去吃晚饭。抗战时期马振武曾在缅甸远征军中任团长，国民党从大陆撤走后他从台湾调到了日本。他娶了一个日本妻子，每当上菜时，这个日本妇女总是弯着腰，双手将菜捧过胸部端到桌上。马振武向我们介绍他的日本妻子时，说她的祖籍是中国，她本人是华侨后代，看来他生怕我们议论他作为一个抗日军人怎会娶一个日本人为妻。马振武对我们一直很有礼貌，称我们三人为赵博士、沈博士和罗博士。但每当我们谈起被美军无理扣押关在监狱里的事时，他就缄口不言，或是将话头岔开去，不然就突然插话："你们三位的头发太长了，我带你们到理发处去理发吧！"等等。

每天早晨马振武总是带着我们在"代表团"附近的几条街上走一圈，有时他还牵了一条警犬。我们的伙食每天都由值班的宪兵送来，据说这是一般工作人员的饭菜。我们和宪兵们谈话的机会较多，他们大都是从四川农村出来的，谈话也不受拘束。他们向我们诉说离家之苦，对内战颇有怨言，对我们在日本的遭遇表示同情。有一位四川籍的宪兵和我们搞得较熟，还在院子里和我们一起拍过一张照。"文革"中我因怕引起无端猜疑就把那张照片给烧掉了。只有他为我们三人拍的那张照片还留着。我们托他代寄一封信给加州理工学院校长杜勃列奇（A. Dubridge），信中诉说了我们在回国途中被扣押的经历。另外我也写信给生物系主任比德尔，同样告诉他我们在日本被美军无理监禁等事。我们这样做，是要他们知道我们的处境，以防消息封锁。回国后的 1951 年，我在浙江大学医学院教书时接到了比德尔的回信，他气愤地批评当时美国政府的麦卡锡主义。他说，他为他的国人做出如此无理之事而感到耻辱。他还说，他已向在国务院任

1950年11月上旬在国民党驻日代表团院内
左起：沈善炯、罗时钧、赵忠尧

职、曾任加州理工学院化学系教授的贝克曼（Beckman）提出要求，将我们被扣留的书籍和物品送还给我们。这封信我一直保存着，可惜在“文革”中失落了。赵忠尧和罗时钧被扣留的东西据说都已陆续发回了，然而我的笔记、菌株与试剂都没有发回。

赵忠尧一直处之泰然，不像我和小罗那样着急。在“代表团”里他就提出要到东京的闹市去逛逛，后来果然得到同意。由马振武派一名士兵陪我们去银座的大街小巷转了一圈。我们在日本皇宫外的一个大厅里参观了展示历朝日本天皇“功勋”的油画，后来在一个公园里休息时，看到很多日本妇女满脸愁容地带着子女在逛公园。据说这些妇女都是在二战时失去丈夫的。

每天都有一个年轻的日本人来打扫我们的卧室，他总当着我们的面高喊："Tian Nian!"（据说是天皇的意思），同时用手划着脖子，表示该杀。可见日本人民对战争给他们造成的痛苦同样深恶痛绝。宪兵们把报纸和杂志拿给我们看，其中有台湾出版的《中央日报》和《美国新闻与世界报道》等。陈延炯有一次找我们谈话，并拿出一些登载着国民党军队在西南各省作战的照片的报纸。他说国民党并没有完全撤出大陆，第三次世界大战势所难免，他们必然重返大陆。他还声色俱厉地对我们说："根据我们在大陆和美国的情报，你们中没有共产党员，不然的话就没有这样方便了!"接着他劝我们考虑去台湾，要我们将眷属在大陆的地址告诉他，并称他们可以设法将我们的家眷接去台湾。对此我们三人都沉默以对，不发一言。在我们即将离开"代表团"之前的第三天早晨，陈延炯忽然通知说要分别接见我们。第一个去的是赵忠尧，接着是我和罗时钧。他拿出一份台湾大学校长傅斯年邀请我们三人任台湾大学教授的电报，对此我们都婉言拒绝。小罗和我表示得特别坚决，尤其是小罗，回来时声色俱厉地申斥"代表团"在玩手段，不守当初与我们说好的诺言。

释放归国

11 月 14 日，按约定美军代表应该来接我们的，但整天都没有消息。到 15 日早晨才通知我们，美军将把我们接走，"代表团"团长何世澧要和我们谈话。但不久又称何团长有事不能和我们谈了，改由一位武官跟我们谈话。这位身材矮小，40 岁左右的军官对我们说："既然你们一定要回大陆，我们也不勉强。但有一言相告，你们要准备好回去洗脑筋！我们和中共打了 20 多年的交道，受尽了欺骗，你们回去尝尝味道也好。祝你们一路顺风！他年在大陆再会！"我们一笑置之。

在代表团的 15 天中，我抽出时间将在巢鸭监狱里的零碎杂事加以补充，写成一本《狱中日记》，这本用铅笔写成的日记我一直珍藏着，可"文革"中还是被造反派抄家给抄掉了。

那天来接我们离开代表团的还是那位莱萨少校，同他一块来的另一个人叫密立根（Milligan），无疑也是中央情报局（CIA）人员。他们把我们送到东京一个叫雅叙园的豪华饭店里，每人住一间，而且卧室外还有一小间专为"下女"使用的房间。后来才知道这个雅叙园在战前是日本皇后接待客人的公馆。因为要等我们原来乘的威尔逊总统轮再次来日本，我们好搭乘它回国，所以我们还要在东京住几天，但这时我们可以自由行动了。当天下午我们找到在东京为我们提出起诉的美国律师，付给他所需的费用。这个美国律师很惊奇，没想到我们会如此守信用。第二天上午我们一路问询，摸到东京大学（即战前的东京帝国大学），访问了日本著名理论物理学家汤川秀树①的实验室，可是没有遇到他本人。他的研究室简陋不堪，门上都钉着补修的木块。由于我的兴趣，我们也访问了农业化学实验室，那里一位教授不知怎的知道有三个从美国回来的中国学者在日本被捕的消息，一下就猜出了我们。他很热忱地接待我们，得知我在美国做过链孢霉半胱氨酸的生物合成工作后，他给我介绍了他们以黄曲霉为材料研究甲硫氨酸合成的情况。实验室同样简易，实验桌上满是试管、试剂和计算

① 汤川秀树（1907—1981），日本物理学家。因为在核力的理论基础上预言了介子的存在，获得 1949 年诺贝尔物理学奖。

尺，还有一套吹玻璃的装置。几个工作人员都在勤奋地工作。日本人认真和刻苦努力的精神给我留下了深刻的印象。在战败后的日本，科学家还能保持这种精神，确实值得钦佩。

同一天下午我们乘地铁到浅草，然后转车去日光，那是日本有名的温泉胜地。在日光我们找到了可以供洗澡的温泉，正要进去洗，打开一扇移门时，从温泉的浓雾中看到许多赤身裸体的日本女子，我们立刻退出。当我们离开那里去找地铁时，路上跟着一个日本人指手画脚地用破碎的英语讪笑我们，意思是不懂“寻欢作乐”。这一带可能是日本娼妓集中之地，到处写着“花街”和“柳街”字样。回到浅草，我们在一家日本人开的餐馆（它的名字叫“中华料理”，这是战后改的名字，过去叫“支那料理”）吃了些像烧卖的面食，然后赶回东京。得知我们初来日本不认识道路后，这家饭店的老板竟主动陪我们走到地铁站，代我们买了车票，亲自送我们到往东京的一个中间站，接着又找了一个日本人，托付他将我们送到东京站。他的诚恳和友爱，不禁使人想到人类的天赋之爱。挑起战争的是少数坏人而不是大多数善良的日本人民。我一路上因感谢这个热心的日本朋友而思索着。

翌日晨我忽然接到密立根的电话，他要我们立刻收拾行装，等候他来送我们去横滨。我们问他关于旅馆结账的事，他立刻回答：“当然你们自己付钱，你们有钱嘛!”这样我们被敲诈了四百多元美金。到了横滨，仍在美军情报机关，由美国情报人员将我们被扣的行李逐件交还给我们。我们所有衣服书籍等物件上都写有文件号（Document No. __，EFC）等字样。我带的试剂、高纯度氨基酸（A. P.）、菌株以及工作手稿全部被没收。

中午我们三人被遣送上船。上船后，我们的护照发还了，护照上打着

“Deportation”的字样，意指“驱逐出境”，而且规定在日本海域内，我们三人只能在一间指定的舱房内活动。一出日本海域，我们就开始自由走动了。当时船上的20多位中国旅客都是从英、美归国的留学生，他们早知道我们三人在日本被监禁，现在已被释放，同在一条船上，都前来看望我们。其中有曾在西南联大求学的张建侯和交通大学的朱诚，他们都是在麻省理工学院念化学工程的，获得博士学位后回国；还有纽约《华侨日报》一位姓唐的编辑。大家对我们受到美军的无理阻挠和迫害深表愤怒。数日后船抵马尼拉，天气炎热，我们都到甲板上去远眺这个菲律宾的沿海首府。我发觉那里的美国驻军对待码头上的菲律宾工人态度极端粗暴，将殖民主义者或帝国主义者的面貌暴露无遗。这更增加了我对社会主义的向往。

11月20日下午威尔逊号抵达香港，我们没有下船。香港《文汇报》

被释返国，在轮船上与众多归国留学生相遇（1950年11月）

首先报道了我们被释放回国的消息。美联社驻香港的记者捷足先登，上船采访，我们拒绝了。翌日晨，我们乘火车经九龙抵深圳，通过罗湖桥时，我的心情十分激动，历经艰难，我终于抵达自己的祖国了！广东省人民政府热烈欢迎留学生回国，特别派了一辆汽车将我们三人径直送至广州市，安置在爱群旅社。《南方日报》不断登载我们在日本被监禁的经过和我们回国的相片。在广州，我们参观了黄花岗烈士墓，以及国民党 1949 年撤往台湾前在广州建造的“中央政府”的未完成建筑。在黄花岗烈士墓前竖着一块粗制的石碑，上面刻有于右任写的字，“痛哭高呼中华”，油漆尚未全干。据说这是这位国民党元老离开广州前，在此向当年辛亥革命烈士告别时写的，有叹国民党失败，愧对革命先烈之意。

我们三人在广州分手。罗时钧到澳门去探望他的父母，而赵忠尧和我则乘火车去上海。我和赵忠尧分别住在两个卧铺车厢里。和我同住一间车厢的是一位从香港回国，带很重苏北口音的中年人。他说，他是金城银行的经理，应周恩来总理之邀，去北京开会。他有一个年轻的陪同人员，却说一口道地的上海话。后来我回上海后，在襄阳南路还遇见过他，开了一爿小商店。这位银行经理一路上谈笑风生，似对中国共产党的民族资产阶级政策满怀信心。他说：“大概不回香港了。”

这时我拆开老师哈洛威士临别时给我的那封信。信中谆谆劝告我，回国后要争取机会做一点生化遗传的工作。他说“这对世界生物科学的发展有益，同样你的国家亦需要”。老师的这番话是针对李森科的邪说已波及中国而说的。其实我思想上早已做好了准备，目前要开展遗传学研究已不可能。当火车继续在中华大地上前驶时，我憧憬着我的未来。

以上是我的回忆，虽然我的狱中日记已无法寻找，但“文革”中我向造反派交代的材料尚可印证。时光荏苒不觉已 50 多年了。

当时我也还处在年轻气盛的年龄，在事实面前，我头脑里立刻产生两种思想：一是恼羞成怒，好好教训一下这小子，煞煞他的傲气，让他不要太得意；二是承认错误，虚心接受事实，祝贺他所取得的成果。

当时只要我们有一点联系生产实际的思想，再多做一个试验，就能发现葡萄糖能转变为果糖。果糖要比葡萄糖甜20多倍，这个结果能为国家带来多少经济效益啊！

第 5 章 愉快的 13 年

一回国，我的老师张景钺教授就催我回北大生物系工作。但北大的另一个老师却强烈反对，甚至说："如果沈善炯来，我就走！"这就使我的老师感到很为难。那个人也曾当过我的老师，据说是因为张景钺先生对我的期望过高，总在大家面前赞扬我，她有点看不惯；又担心我去了后，给她造成压力，所以才极力阻挠。其实我并不愿意回北大，我并不主张从哪里来就要回哪里去。在美国时我就向老师表示过，我想去医学院工作，在那里我可以教生化，然后等待时机再回到我的第一志趣遗传学上去。南开大学为争取我去，特地将我的妻子卢盛华从沈阳调到天津，① 但我还是没有允诺。最后经浙江大学的谈家桢和我的好友丁振麟介绍，我去了杭州，在浙江大学医学院生化科工作，任副教授。

从 1951 年至 1952 年初，我在浙大医学院教了两班医学院同学和一班

① 1947 年我去美国留学后，为了替我维持这个家，盛华带着我的妹妹和我们的女儿去东北，后到沈阳工作。——沈善炯注

理学院药学系同学的生物化学课。同学少年皆勤奋好学，他们是大学二年级的学生，一般都能看英文参考书，在学习中遇到问题也常毫不拘束地跑来问我或和我讨论。鉴于同学们的求学热忱，我希望多给他们介绍一些基础知识，因此我必须加倍自学，这让我深深地体会到了教学相长的乐趣。那时我才 34 岁，置身于年轻学子之间，感到桃李芬芳，学友情深。

教书之余，我常踱到西湖边去看岳飞庙。“文革”过后，我再去那儿，发现变化不小：造反派、红卫兵把岳飞的坟（衣冠冢）都掘了，后面爱国诗人陆游的题词被拿掉，蔡廷锴写的“军人模范”也遭磨灭。庙里原有一副对联，“父子北征，忠孝岳家军第一；君臣南渡，河山宋室庙无双”，也不见了踪迹。我在浙大的学生叫我写一副补上去，可直到现在我还没有动笔。

2005 年与当年浙江大学医学院的学生在杭州聚会

1952年，全国大学都要参考苏联的高等教育制度进行院系调整，浙大医学院归并到了浙江医学院。浙江省卫生厅厅长兼浙江医学院院长洪式闾特地持聘书到我家里，希望我仍能在浙医任职，但我已决定去上海中国科学院实验生物研究所工作了，这也是我的恩师张景钺先生推荐的。我于1952年2月离开杭州，在一个春寒料峭的早晨，与几位为我送行的同学在车站告别。“先生，我们分别了，但我们将一直记着您。”这句临别之言一直回荡在我的心坎里，特别是在我以后困苦的日子里，给了我不少信心和力量，使我想到还有不少青年是爱戴我、尊敬我的。往事如烟，历历在目。如今我当年的学生已为祖国的医学事业做出不少贡献，有的已是国家的栋梁，担负着医学上的重任。

我有道德学问高尚的恩师，他培养我入科学之门；我有愿意献身科学、报效国家的学生，他们鼓励我对科学执著追索，做个有用之人。夜来扪心自问，我真不愧此生。

我到上海后住在陕西南路的一个宿舍里，盛华和我们的女儿沈韦仍留在杭州。那时曾在联大教过我的殷宏章先生适从印度回来。他先在联合国教科文组织工作，后来到了印度。新中国一成立，他应政府的号召回国，也要到实验生物研究所工作。殷先生很希望我和他一起去当时属于实验生物所的植物生理研究室工作。因为过去的师生之谊，我勉强同意了，但我内心是不大愿意留在植物生理室的。

改行，从事抗生素研究

1950年代初，几经战乱的中国百废待兴，我和其他归国留学生一样，诚心诚意地愿将自己的一技之长奉献给新中国的重建。当时我国的抗生素工业几乎是一片空白，有些国家还限制我国进口抗生素。为应医药工业的急需，殷先生和我商量，决定研究抗生素的生产，成立抗生素研究组。这个组开始时只有助理研究员单慰曾、技术员张文玲和我三人。我对抗生素可以说是外行，只好硬着头皮到上海仅有的一家青霉素厂，向有经验的技术员和工人学习关于发酵、提取和鉴定等过程的操作。回溯往事，我要感谢当时的青霉素厂厂长童村、技术员余尔谷还有工人杨采娥对我的帮助。他们无疑是我学习和研究抗生素的启蒙老师。

抗生素的研究后来被列为国家的重点研究项目，并由院属有关研究所和上海医药工业研究所、卫生部上海青霉素厂等在上海成立了抗生素工作委员会。中国科学院副院长吴有训负责领导和主持这项工作，汪猷、高怡生、殷宏章和上海医药工业研究所陈善晃、青霉素厂厂长童村以及上海医学院的林兆耆、苏德龙等均为委员会委员。由于上级的重视，我们的抗生素研究组很快就增加了陈俊标、洪孟民、宋鸿遇和顾德安等人员。根据抗生素工作委员会的协调，我们主要研究金霉素的生产，包括菌种的选育和金霉素的发酵等。由于大家勤奋努力，不到三年时间，我们就在金霉素的工作上取得了较好的成绩。上海电影制片厂导演徐昌霖曾到我们实验室来体验我们的工作和生活，为此写了剧本《情长谊深》，接着摄成电影。我和宏章师一起研究抗生素的情景跃然幕上。

宏章师的教诲和帮助使我难忘。他的智慧给我很多启发。我们注意到，将生长延滞期（lag phase）或稳定期（stationary phase）的细菌细胞接种到培养基后，都重新从延滞期开始生长，但将生长在对数期（log phase）的细胞接种到培养基上，却不再经延滞期，而是由对数期直接跨入生长最高的稳定期。宏章师根据细菌生长的这种动态变化推断，作为代谢产物的抗生素的合成也将与生产抗生素的放线菌的生长期有关。我们研究金霉素生产的第一项工作就是使金霉菌在不同条件下生长，然后接种到发酵培养基中培养，再观察金霉素的生产，结果发现金霉菌的接种条件确实影响发酵中金霉素的合成。这个研究结果发表在《实验生物学报》上。我在工作中有时很急躁，对工作人员的要求也偏激，宏章师总是谆谆教诲我，而且为我争取工作条件，使我们的工作得到了上级的支持。殷师母曾对盛华说："我们宏章，为了沈善炯，添了不少白发！"真是一言见真情。

在研究金霉素的生物合成中，我们首先证明金霉菌在分解己糖时，戊糖循环的运转与金霉素的合成有关。根据金霉素分子芳香族环来自 1,7-二磷酸景天糖的理论，我们得出在发酵液中的磷酸盐会抑制金霉素的生产的结论——它会阻止戊糖循环，从而限制 1,7-二磷酸景天糖的生成。我们进而推断，控制磷酸盐在发酵液中的含量将是提高金霉素生产的重要因素。这个理论经中间试验检验后获得生产部门的认可。

在各相关单位的密切合作下，我国的抗生素研究进展很快，在较短的时间内，就终于能够生产一些主要抗生素，而金霉素是其中较早投入生产的抗生素之一。这是我回国后在科研工作中感到最成功的一次合作。可惜这项工作没有得到很好的总结，但片段记录可见诸竺可桢日记①。

1957 年 4 月，我加入了中国共产党。当时中共正在发展知识分子入党。从国外回来的科学家对新中国都抱有强烈的希望，愿将一生献给中国的科学事业。很多人普遍认为，老共产党员曾为中国人民的解放赴汤蹈

① 竺可桢在 1955 年 2 月 18 日的日记中记有如下文字："下午 3 点，与柯夫达同志、吴副院长、柳大纲及过兴先谈抗生素事。目前国内青霉素已能自制，可到 1600 单位，合乎国际标准，链霉素和金霉素则正在试验时期，后者已经过 30 加仑和 53 加仑的试验时期……对于汪猷、沈善炯［的］工作应表扬，并将成绩报告国务院。"见竺可桢：《竺可桢全集》。上海：上海科技教育出版社，2009 年，第 30 页。

火，出生入死，能进入这样的集体是一种殊荣。我也正是这样看待共产党员的。生化所的曹天钦于 1956 年 5 月入党，是中科院上海岳阳路区各所从国外回来的知识分子中最早入党的。之后每次讨论科学家入党申请时，党组织总是邀请其同辈参加会议，意在教育大家，促使大家向这些够入党条件的人学习。我的这次入党讨论会也邀请了钮经义、邹承鲁等人参加。

访问苏联

1957 年秋，由张为申（卫生部生物制品研究所）、陈肖庆（化工部上

1957 年 8 月应邀出席在莫斯科举行的国际抗生素会议
左起：张为申、沈善炯、陈肖庆

海医药工业研究所）和我组成的中国代表团出席了在莫斯科举行的国际抗生素会议。这其实只是社会主义国家的抗生素会议，西方国家仅美国的瓦克斯曼（S. A. Waksman）① 一人参加。在我的记忆中，这是我回国后的科学生涯中最风光的时刻。我在大会上报告了金霉素生物合成的工作，受到与会代表的瞩目。陈肖庆同志后来常常和我回忆当年研究抗生素时的情况以及在莫斯科会议上的美景。记得全苏抗生素研究所副所长李维托夫还诚恳地规劝我，不要再去研究别的什么了，还是专志于抗生素的研究，因为这对人民直接有利。往事填膺，不觉50多年过去了，肖庆已于前些年逝世，他给我的最后一封信还在谈抗生素。

在莫斯科会议期间，苏联科学院生物学部秘书长、生物化学家恩格尔赫特（Engelhardt）院士接见了我，并热诚地邀请我到苏联科学院做访问研究。我归国后请示科学院副院长竺可桢，竺先生极力赞同我去苏联访问。这样我才决定于1958年10月前往莫斯科苏联医学科学院生物化学研究所布劳斯坦（A. Braunstein）教授的研究室工作一年，研究细菌的氮同化。和我同行的是我的一位研究生。布劳斯坦是世界著名生物化学家，他的成名之作是发现生物体内氨基酸生成中的转氨反应。他每星期只在星期三到实验室来，来时总喜欢约我到他办公室聊天，告诉我一些苏联科学界的情况。那时我每天抽烟很多，但苏联的香烟实在难抽，布劳斯坦也有同感。我常去莫斯科市高尔基大街的北京饭店买中国香烟来抽。布劳斯坦与我有时谈一个上午的话，他的办公桌上就堆积了满满一烟灰缸的香烟头。他的实验室设备简陋，工作人员大都是女的，只有一位男性，其职称相当于我们的副研究员。白天各人埋首各自的工作，但一到下午三时，女士们

① 瓦克斯曼（1888—1973），生于俄国的美国微生物学家。因发现链霉素于1952年获诺贝尔生理学或医学奖。

打扮一番后都回家了。晚上从没有人留在实验室工作，可以说工作很不紧张，甚至说得上是松懈。当我作为访问学者到他们实验室工作时，他是非常高兴的。他特地给我介绍了比利时魏炎姆（Wiame）教授的工作。魏炎姆发现有些芽孢杆菌缺少有活力的谷氨酸脱氢酶。当时谷氨酰胺合成酶尚未发现，于是我们探索在这类芽孢杆菌中同化 NH_4^+ 的途径。根据观察的结果，我们认为丙氨酸脱氢酶将是同化 NH_4^+ 的主要酶。迨 1959 年春，美国科学代表团访问苏联，布劳斯坦与哈佛大学的戴维斯见面时谈到了这项工作，戴维斯直截了当地提出意见，他认为从热力学的观点来看，丙氨酸脱氢酶绝不可能是同化 NH_4^+ 的酶。我回国后的工作表明，戴维斯的意见是正确的。丙氨酸脱氢酶的辅酶是 NAD，是诱导酶，因此属于分解代谢的酶，与 NH_4^+ 的同化无关。戴维斯访苏期间我故意避开不见他，他也不知道我在那里。因为当时中美尚未恢复正常关系，我不愿引起不必要的麻烦。到 1981 年我访问哈佛大学医学院时，我才告诉他，说明因为我当时的处境，无法和他接触。

总之，在苏联医学科学院生化所工作的近一年时间内，我在研究工作上得益不多，可我对这位“老大哥”有了一些认识：他们非常重视科学，重视基础研究，社会上对科学家是很尊敬的。他们有苏联科学上的优秀传统，但不同学科间和科学家之间的相互交流不够。记得布劳斯坦告诉我，即使在李森科得势的时代，最高苏维埃中苏联的著名科学家也常反对他，李森科并非万事都得逞的。

我初到莫斯科时，一位苏联医学科学院负责行政工作的人知道我是恩格尔赫特介绍来访问的中国教授，特地来拜访我，要我住在高尔基大街的北京饭店，认为这样我可以生活得舒适一点。我内心很感激他的厚意，虽然我在苏联访问期间一切费用都是由苏方支付的，但我深知不能“特殊化”，一切要向“老大哥”学习。果然不久我国驻苏大使馆通知我，要我住到莫斯科市区的一个我国派往苏联进修学习人员的宿舍里。医学科学院方面知道了，还特地把一间配有沙发等家具的房间让我和随我一起工作的研究生同住。那时我已听到一些传闻，说我有“特殊化”了。有一天在莫斯科的中国留学生和进修人员聚餐，我去参加了。吃完饭大家起身走的时候，我的那位研究生帮我披上中国科学院外事局给我备用的那件与众不同的皮大衣。哪知在一年以后的“反右倾”运动中，我因为这件事被贴上一式三份的大字报，说我在苏联大摆“架子”……在“老大哥”面前摆架子，该当何罪啊！

两年后，事情发生变化，苏联撤走在华专家，中苏关系恶化，我被派加入由王应睐任团长的中国代表团参加在莫斯科举行的第五届国际生物化

1961年参加第五届国际生化会议时摄于莫斯科大学前
左起：曹天钦、沈善炯、王应睐、殷宏章、邹承鲁

学会议。会议期间，布劳斯坦在家宴请几位与会的科学家，当然我也被邀请了。客人中有美国威斯康星大学的酶学家格林（Green）等。当我向大使馆参赞汇报宴请的情况时，由于布劳斯坦没有让我坐在“贵宾”的座位，而我又没有提出意见或退席，就受到批评。真是此一时也，彼一时也，不知如何才好！

中国科学院上海微生物研究所

1959年6月我从莫斯科回国后，参加了由中国科学院副院长裴丽生主持的微生物学座谈会。在会上我谈了些开展微生物学研究的想法，这也是我和老师殷宏章的一贯想法，即要重视基础研究，开展微生物生化的工作。我们倡导克卢韦尔一派的“生物化学一致性”精神，主张微生物学的研究不要只局限于应用，而是应对生物学做出贡献。这个想法获得了不少人的赞同。不久后，经过长期酝酿的中国科学院上海微生物研究所在上海成立，由我任副所长（正所长暂缺）。当时中国科学院计划让上海微生物研究所的工作主要集中于普通微生物学的理论性研究，以有别于偏重工业微生物方向的位于北京的中国科学院微生物研究所。

包括我在内，上海微生物研究所当时共有三位高级研究人员，各自带着一些学生和助手，热火朝天地开展工作。外单位也派了一些学生和进修人员到我们这里来工作。应当说这个研究所本来是很有前途的，可是由于“大跃进”造成的灾难，在1961年贯彻“调整、巩固、充实、提高”八字方针时，它又被并回到了植物生理研究所。最初曾计划将它并到生物化学研究所去。这是我的好友邹承鲁提出来的，生化所王应睐所长表示欢迎，并曾上报科学院。生化所连办公室都已经替我准备好了，可最后我没有去。我的老师、植物生理所副所长殷宏章先生不肯放我走。他劝我说：老沈，微生物所原来就是从植物生理所分出去的，如果你回到植物生理所，等国家经济好转后，它肯定可以很快再独立成所。而如果你去了生化所，就不可能这样了。我一心想着挨过这段困难时期再去成立微生物研究所，再加上师徒情深，最后听从了殷先生的意见。现在想来，这是一大错误，我们应该并到生化所去，正如承鲁所说，生化所的研究氛围要好得多，而植物生理所则长期以来都是政治运动的试点、“出经验”的典型。

研究所被合并之后，我觉得非常可惜。我在西南联大时的物理老师、中国科学院副院长吴有训先生也在一次开会时同我讲：“你这个所被合并，可惜了……算了。”张劲夫副院长也对我表示同情，说等国家的经济形势变好了再恢复这个所。可后来国家经济形势刚有所好转，又来了“四清”、“文革”等运动，这个研究所再也未恢复建制。

难忘的岁月

不管怎样，从 1959 年到 1963 年这短短的四年间，是我在国内从事科学研究最为意气风发的一个时期。那时微生物研究所成立了研究微生物生长、代谢、遗传和噬菌体的四个研究组，我具体负责代谢和遗传两个组的工作。无论谁在研究工作中发现了问题，大家都会积极踊跃地一起讨论，争分夺秒地做实验。我们终日角逐着找寻新事物和新问题，雄心勃勃地时刻准备着迎接新的挑战。各个实验室之间，从早到晚都可以看见穿梭不停、来回走动的人。我的办公室外每天早晨都有人等候着要跟我谈工作。

外来的人看了都说，到了我们这里，就像到了医院的急诊室，人人都是那样的忙碌和紧张。

在这段如痴如醉地醉心于科学研究的日子里，我们获得了不少成果，有的还为世界所公认。不过最令我喜悦的是，我的学生里涌现了一批敢于探索、勇于创新的科研人才。我至今仍时时想起的是我的一位名叫王孙仑的研究生。他聪敏好学，自上海医学院毕业后，分配在长春医学院当了一段时间的助教，再考我的研究生。他说话有点口吃，所以平常寡言沉默。我起先对他也没什么特别的印象，只知道他在那年投考研究生时的考分特别高，而且觉得他思考问题有些与众不同。1960 年初的一个早晨，他匆匆忙忙地跑来找我说，他在实验中发现了一个新现象。他将大肠杆菌培养在以甘油为碳源的营养液中时，发现有醛类化合物产生，他用 2,4-二硝基肼处理，最后形成了一个呈紫红色的衍生物。他高兴地拿着这个反应产物来给我看，说："这是一个还没有被发现的中间代谢产物!"我稍稍一看，就不假思索地回答他："这不是什么新东西，这是甘油分解产物，磷酸甘油醛，不要大惊小怪!"王孙仑一声不响地走了。隔了一两个星期，他带着试验样品和数据，还有参考文献又来找我了。这次不同，他滔滔不绝、振振有词地说明了大肠杆菌对甘油的分解代谢物并不是我们熟悉的磷酸甘油醛，而是甲基 1,2-醛。他还说这个试验的结果能证明己糖分解除已知的代谢途径外，可以循甲基 1,2-醛-乳酸的支路代谢进行。他甚至引经据典地告诉我，50 多年前已有人报道过这个现象，可是后来又被否定了。此时的他闭着眼睛，侃侃而谈，口齿清晰伶俐，一点都没有口吃的表现。当时我也还处在年轻气盛的年龄，在事实面前，我头脑里立刻产生两种思想：一是恼羞成怒，好好教训一下这小子，煞煞他的傲气，让他不要太得意；二是承认错误，虚心接受事实，祝贺他所取得的成果。经过刹那间的犹豫，我选择了后者，伸出手来向他祝贺道：“你的观察对了，我错了。我们终于又发现了一个己糖分解的新的代谢途径了。”后来这一成果发表在 1963 年的《中国科学》上，五年后英国科学家库珀（Cooper）和安德森（Anderson）才报告了同样的发现。我为自己有这样一个学生而骄傲，也为我自己有勇气承认错误而欣慰。这个故事我后来常常讲给我的学生听，希望他们在科学工作上要独立思考，敢于承认错误和坚持真理。

王孙仑给我留下深刻印象的还有一件事。他在测定链霉菌中某些辅酶Ⅰ或辅酶Ⅱ依赖性脱氢酶活力时，总测不到这种酶的活力，他认为这可能是由于一种叫烟酰胺核苷酶的作用，因为这种酶能对辅酶造成破坏。由于这个酶对热和蛋白质变性剂具有高度稳定性，所以热处理或平时用以终止酶反应的蛋白质变性剂都无法阻止细胞抽出液对脱氢酶活力抑制作用的消失。我们开始都很怀疑它的存在。我跟酶学家邹承鲁商讨这个问题，他也不相信。可王孙仑又一次用实验证明了他的判断。他发现烟酰胺核苷酶与 DNA/RNA 相结合，如果去除核酸，就会显出一般酶蛋白的特性了。王孙仑的这项工作发表后，在美国的联邦记录汇编（*Federation Proceedings*，1968 年）关于中国核酸研究情况一文中被提到。

王孙仑和我在研究微生物代谢时一直注视着国外遗传学的发展。1961 年我请在英国访问的冯德培先生向牛津大学的欣谢尔伍德（Hinshelwood）教授索取了一套大肠杆菌高频重组（HFR）和营养突变型菌株。在此基础上，我们开展了大肠杆菌基因在染色体上的定位实验。王孙仑在研究基因的调节时，巧妙地应用支链氨基酸合成的突变型，如缬氨酸、亮氨酸和异亮氨酸等突变型来证明转氨酶是否同属一种，因为这些氨基酸最后都是由它们各自的 α-酮酸经转氨反应而形成的。按“一个基因一个酶”的学说，如果这些反应是由不同的基因所决定，那就说明这三种支链氨基酸最后是由不同结构的转氨酶的作用形成的。当王孙仑在科学会堂报告这一简明的设想和工作结果时，曾受到承鲁的赞扬。王孙仑的确是个不可多得的人才，他通过这项工作几乎与美国的梅斯特（Meister）教授同时以遗传学的方法证明了转氨酶的性质。可惜由于"社会主义教育"运动，这项工作的成果没能及时发表，文稿也已经丢失。

令我痛惜的是，王孙仑英年早逝，大约是在"文革"后期，哪一年我已记不清楚了，他患了脑瘤，离开了大家。记得他临终时，我被允许到华山医院去见他，他当时已奄奄一息了。他的一个亲戚在他耳边喊他："你

1957 年与学生和工作人员在一起
后排：左 1 王孙仑，左 2 陈俊标
右 1 沈善炯，右 3 金以丰

睁开眼睛看看谁来看你呢?”王孙仑用力睁开眼睛对我说:“沈先生。”这是他最后一次大胆地称呼我。我失去了一位有才华的学生，中国失去了一位有希望的青年科学家。

那时在我实验室进修的人很多，其中有一个叫李友荣的，是华东化工学院抗生素专业马誉徵教授的研究生，马教授托我代他指导李友荣的论文工作。李友荣在研究链霉素的生物合成时，除了证明链霉素分子中链胍部分的脒基来自精氨酸外，还证明精氨酸与链胍之间的转脒基反应仅存在于链霉菌合成链霉素时期，从而指出抗生素的合成受时态控制。当李友荣开始提出这个意见时，并没有受到我的重视，但他以自己的智慧和毅力证实了这个观点。现在这个发现已经为国际学术界所公认，由此将放线菌抗生素的合成分成了营养期和生产期（trophophase and idiophase）。这一成果在理论上和实践中都有重要的价值。

这些都表明，思想自由、独立思考是我们当时好的学风。我们师生间的友谊是建立在相互学习、共同努力的基础上的。我们通过知识的互补做出了不少成绩，那段日子真让人怀念啊!

我认为，研究基础理论旨在探索自然界的真理，而不能去强求其应用价值。我很欣赏这么一句话:“没有应用的科学，只有科学的应用。”记得1963 年我的一个研究生徐子渊在链霉菌中发现木糖异构酶能将 D-木糖转变为木糖酮。这个发现发表在 1964 年的《生物化学和生物物理学报》上。当日本的三松工业公司（Sanmatsu Kogyo）看见了我们的文章后，立刻进行试验，证明木糖异构酶能将葡萄糖转变为果糖。他们把它称为葡萄糖异构酶，大量生产，赚了一大笔钱，最后又以高价，将专利权卖给了美国的一家公司。因为这件事，还惹得日本企业界打了一场官司。这家公司被控告摄取中国科学家的知识产权。在“四清”运动期间，日本还派人来查询我们发表那篇论文的日期。1982 年三松工业公司又特地派人由上海市轻工业研究所的一位工作人员陪同来看我，送给我两瓶酒，向我表示谢意。我能说什么呢？当时只要我们有一点联系生产实际的思想，再多做一个试验，就能发现葡萄糖能转变为果糖。果糖要比葡萄糖甜 20 多倍，这个结果能为国家带来多少经济效益啊！我们也就不至于像今天这样，捉襟见肘，四处去申请科研经费了。最具讽刺意义的是，当我的一个学生知道果糖供不应求时，就去查阅有关葡萄糖转变为果糖的文献，看到日本科学家在阴沟杆菌中提取了这个葡萄糖异构酶，于是也跟着做，但由于这个酶的活力低，而且还涉及细菌毒素的问题，失去了应用价值，也就放弃了试

1982 年日本三松工业公司派人(右2)
来致谢关于葡萄糖异构酶的发现

验。舍自己之所得，而去取他人之所弃，实在是愚蠢至极！这于我不能不说是一个教训。

有人说我在研究工作上满脑子一鸣惊人的思想，我不否认，我确实是存在这种思想的。"有所发现"是我工作时的一贯要求。我宁愿做错，也不愿意跟在别人后面，去重复别人的工作。我的这种思想来源于我在美国加州理工学院的求学经历。那时学校的办学宗旨是坚持科学研究必须处于时代的前沿（keeping the leading edge），反对亦步亦趋地去赶热门或时髦。这种学风影响了我一生对科学研究工作的追求和价值取向。我们在研究细菌转化因子时，除了证实大肠杆菌中一些耐药性转化因子为 DNA 外，还观察到对青霉素敏感的地衣芽孢杆菌经青霉素抗性菌株中提取的 RNA 处理后就可以获得抗性，而且具有青霉素酶的活力。我们就此断定 RNA 可以作为细菌转化因子。这项工作曾引起了国外生物学界的热烈反响，但后来由于重复率差而没有深入下去。"文革"后我还接到美国科学家、诺贝尔奖获得者莱德伯格（J. Lederberg）[①] 的来信，询问我这项工作的进展。据我所知，那时洛克菲洛大学有人在枯草杆菌中曾观察到相似的现象；可有人按照我们的实验方法应用同样的菌株却得不到我们报道的结果。只是有人利用枯草杆菌 168 菌株的高转化率研究信使 RNA 转入细菌细胞后的转译现象。总之，当时国外关于我们这项工作的议论很多。也有人认为可能在细菌中存在反向转录酶，使 RNA 转为 DNA，因此细菌的转化因素还是 DNA。然而反向转录酶的活力虽然在大肠杆菌中已得到证实，但在地衣芽孢杆菌中我们测不到这个酶的活力。现在想来，我们试验用的 RNA 很可能是青霉素基因产生的信使 RNA，因其半衰期短，容易失活，导致试验

---

① 莱德伯格（1925—），美国遗传学家。因发现细菌的基因重组和遗传物质结构获得 1958 年诺贝尔生理学或医学奖。

不易重复。

由于我在工作上取得了一点成绩，我作为青年科学家受到了政府的重视。我曾被邀请参加1962年2月召开的广州会议，讨论关于制定国家十年科学规划的重大问题。记得上海区一起参加这次会议，和我同一辈的有庄孝德和曹天钦等。广州会议是在北京召开“七千人大会”、批判“大跃进”中的浮夸风后召开的。在会议中感人最深的要算陈毅副总理的讲话，他对与会的科学家说：“立国十二年来，你们与我们党同甘共苦。如果今天还给你们戴上什么资产阶级知识分子的帽子是不公平的，我代表党中央和国务院向你们表示歉意。”当时许多人听了这话，都激动得热泪盈眶，感到自己对新中国并没做出什么贡献，不应该受了一点委屈和批评就沮丧，而是应该振作起来，积极发挥自己的特长，为国家多做些事情。因此广州会议可以说是一次解放思想、鼓励科学前进的会议。它在知识分子中影响很大，特别是从国外回来的科学工作者体会到祖国需要我们，我们需要祖国。

当时来自全国各地的300多位科学家济济一堂，白天畅谈新中国成立以来各次政治运动，特别是“反右”和“大跃进”中的感想，晚上广东省委书记陶铸请大家看各种表演，这就是所谓“白天出气，晚上看戏”。大家确实是痛快了一番。我有幸在这次会议上结识了我国几位著名的科学家。记得有天宏章师特意把我叫到他们那一桌吃晚饭，为我介绍了著名的建筑学家梁思成先生，还有和我们一样在1950年代初回国的著名化工冶金专家叶渚沛。同桌的还有我早就认识的汤佩松先生。梁思成先生博学多才、学贯中西，他滔滔不绝的言辞使我们这一桌满座生风，趣味无穷。虽然我仅见了他这一面，但他的谈吐和风范却一直留在我记忆之中。

同年夏天，我又出席了在北京民族饭店继续举行的制定国家十年科学发展规划的会议。这个会组织得相当好，各学科之间可以相互提意见，会议气氛很活跃，记得数学组就向我们生物学组提了不少意见。科学家之间也敞开思想，畅所欲言，各抒己见。然而这样的好风气没持续多久就被北戴河会议中最高领导发出的“千万不要忘记阶级斗争”的指示给扑灭了，广州会议后来也遭到批判，科学界又回到了万马齐喑的日子。

我从 1952 年到科学院工作，虽然历经“知识分子思想改造”、“反胡风”、“反右派”、“大跃进”、“反右倾”等运动，可这些风雨我都挨过来了，大多数时间还能在实验室里工作。这有赖于当时科学院的领导，如张劲夫、王仲良等对我们的庇护。

应该说，1959 年至 1963 年是我继抗生素研究后在学术生涯中最活跃、最愉快的五年。现在我还常和当年与我一起共同工作过的同事和学生们回忆那段时光，一段大家忘不了的美好时光。遗憾的是，这段时光在我的科学生涯中实在是太短暂了，不久我就被卷入到一场万劫不复的历史风暴中去。正所谓否泰无常，好日苦短，我和其他知识分子一样都逃不掉 1964 年的“社会主义教育”运动（又称“四清”运动），以及随之而来的“文化大革命”的灾难。

这一夜我辗转反侧，无法入眠。我的右眼从此逐渐看不清东西了。

我被人揭发的128项罪行也在一个晚上重新核实，我以被告身份列席。当逐条与揭发者核对查实时，此人对工作组说："这是你们要我讲的呀！"于是只好逐条取消。

他对我说："过去把你搞臭了，但下星期起，我会把你扶起来的。"我听了真是啼笑皆非。一个人的命运，眨眼之间，可以由他翻云覆雨地摆布！时而天上，时而地下。

第 6 章 社会主义教育运动

1964 年的夏天，我被通知去听上海市委书记陈丕显的传达报告，其主要内容是王光美的“桃园经验”。每天下午一时去中苏友好大厦会议厅听传达，隔天下午在所里学习和讨论。当知道这个传达要长达一个月时，我有些不耐烦，因为我心里常常牵记着我的学生和研究工作的进展。我不想把宝贵的时间浪费在这些我不懂、也不感兴趣的事情上。可这是任务，甚至比我的工作还重要。一个人的政治生命超过一切，政治上垮了，那么就意味着一切都完了，什么工作、科研、家庭都无从谈起。这都是我后来渐渐才明白的，我当时只知道我不能不去。王光美的“桃园经验”，按现在的一般说法是“社会主义教育”运动这个狂澜的导火线。这个运动的目的是什么？为什么又叫“四清”运动？这些我想不通，而且也不愿去想。

被诬“反党”“叛国”

中科院的植物生理研究所是上海各研究所开展“四清”运动的试点单位。原来上海分院的党委书记王仲良因上面嫌他对资产阶级知识分子过于右倾已调离科学院。新上任的党委书记叫白学光。1964年8月，白学光率领一个工作组到植生所来蹲点领导运动。“来者不善，善者不来”，“中科院是知识分子成堆的地方”，“植生所是藏龙卧虎之地，阶级斗争盖子一直没有揭开”……一片吆喝声中，白书记上任了。他一来，果然气象大变，首先是整天开会、学习和讨论文件，进而联系实际，分析植生所的“阶级形势”。白学光坐在一张长方形会议桌的一端，面向南方，他的左侧是当时上海实验生物研究所的党委书记，右侧是冶金所的党委书记。植生所副研究员以上的党员都要参加，说这是“四清”运动开始前的党内整风。白学光开始把我和另一个姓沈的研究员看做是运动中可以依赖的对象，常称我们为“二沈”。随着运动的展开，他指挥着对那些有问题的人进行深入追究。

一天上午会议即将结束时，微生物室支部书记陈广澧忽然从座位上跃起，指着说我有叛国思想。她说：“沈善炯在1959年‘反右倾’运动时，看到有人贴揭发他的大字报，就来向我发牢骚，说贴大字报的人诽谤他在苏联时要他的研究生帮他穿皮大衣，大摆大教授的架子等，他说他绝不能和这种无端造谣的人在一起。他的情绪显得想要叛国。”她说到“叛国”两字时特别提高了嗓子。这个发言使全场顿时鸦雀无声。“叛国”实在是两个太令人恐惧的字眼了！这使所有参加会议的人都感到震惊，无法想象。我更如遭晴天霹雳，一时不知所措！几分钟前还坐在一起，有说有笑，旁人看来还像是有多年交情的“战友”，现在却一变常态，翻脸不认人了。她接着又揭发我反对共产党和懊悔入党。她说，我有一天看到《北京日报》上一篇关于共产党员应做党的驯服工具的社论，向她表示不理解，对她说：“是人总有思想的，怎么不讲个明白，就要人甘做工具呢？”陈广澧又说，在1958年时，我对植生所总支扩大会议将在农场工作的四个青年划成右派很不满意，认为这是草率地把别人的命运当儿戏，是不负责任。她声色俱厉地指着我说：“这就是沈善炯的懊悔入党和反对中国共产党的思想的暴露。”我真没有想到一个和我共事多年的人竟会如此对我。我的入党动机在于深信中国共产党能领导全国人民建设国家，走向富强。我入党后确实对党的某些政策有过意见，比如明明说要大家对党提意见，“言者无罪，闻者足戒”嘛！岂知最后来一个“引蛇出洞”，引发了一场文字之狱。但我对加入中国共产党没有表示过什么悔意。我敬重当年为抗日战争和中国的解放而浴血斗争的老同志，如李亚农、王仲良等人。但今天我听了这位“党员”的发言，倒有些警觉起来，党内竟有如此之人！她身为支部书记，如果我说错了话，她该及时提出批评，进行教育才对。

她的发言，惹起了在座的植生所一位党总支副书记的质问。她问陈广澧：“你以前一直向总支汇报沈善炯的优点，为什么你现在才揭露他犯了这么大的错误？”主持会议的白学光感到事态已经很严重，党内竟然出现了“叛国分子”，就立刻宣布休会。

中午白学光赶来我家，他先问我，“你知道李维汉受到了中央的批评没有？”又说，“王仲良搞‘神仙会’，是偏护资产阶级知识分子的右倾思想”，“定一同志最近说：‘对高级知识分子不执行赎买政策是糊涂，听他们的话是混蛋！’”这是我第一次听到上面有这种“精神”。但对于说我有叛国的企图，他也不认可，而是要我在下午的会上提出申辩，澄清事实。但在下午的会上，我断然拒绝申辩，我只要求大家对我进行调查。我说，十多年来我对得起自己的国家，我勤奋工作，问心无愧，我的所作所为前分院负责人和我身边的群众是清楚的。为了工作，我对家里的任何事都不过问，我家是这个宿舍里最清贫的三户人家之一，但我们全家只求平安，对艰苦的生活条件从无怨言，这也是人所共知的。我要叛国，当年何必要经过那么多的阻碍回到祖国呢？我身在异国，心里却一直在想念我的故乡，我的国家。我是为了争取在建设国家的事业中尽一份自己应尽的力量。老实说我是准备吃苦而不是为享受而回国的。我又说，党员是党的驯服工具一说我确有不解。我曾问过当时的党委书记王仲良，王对我说"这句话的含义是指党员对人民的利益应俯首甘为孺子牛"。我听了才明白这个道理。后来我也曾把这个回答告诉过陈广澧。这是 1958、1959 年间的事，为什么当时不谈，要等过了五六年后才在这个会上来揭发我，说什么我懊悔入党呢？当时我很气愤，也很怨恨。当着大家的面，我的态度是非常倔强的。会后，陈广澧悄悄到我家里来，对我说："你为什么不向大家说清楚？我可能不对，但我们是同志，应在斗争的基础上进一步求团结嘛！""同志"，我怎么敢与这样的人以同志相称、相待呢？

因为这一揭发，从此"四清"运动的重点就转到了微生物室。一天晚上我接到通知，要我去零陵路微生物研究室参加支部扩大会议。开会时，陈广澧要大家敞开思想向支部提意见。

一位平时讲话不多的研究实习员忽然站起来批评党支部不坚持党的原则，平时只听从一些人的话，使大家有意见而不敢提。她还说我宣扬只专不红的言论；在研究工作上走资本主义道路，搞理论脱离实际等。我实在听不下去了，愤起离开会场。当我一走出会场，她就停止发言，会场内肃然无声，等我回到会场，她又紧接着发言。于是我再离去，她也再停；我再回，她又再发，如是者达三四次。

接着大家争先恐后地直指着我揭发我，譬如我曾公开说过“共产党员中的科学工作者的主要战场是研究工作。在科研工作上没有取得成绩的共产党员就如一个党员战士在战场上不能打胜仗，绝不是一个好党员”。面对这个批判，我立刻站起来，理直气壮地列举了 1946 年我在北京看的一部电影，电影名字叫《一曲难忘》，讲述的是波兰爱国音乐家肖邦的故事。年轻的肖邦目睹沙俄对他祖国的蹂躏后，离开了波兰。他逃亡到国外，以他的音乐才能，辗转欧洲各地传播革命。他的成名之作《波兰舞曲》就是宣扬他为祖国而革命的歌曲。肖邦是死在钢琴上的，他为波兰而战的战场是音乐而非其他。我蓄意讽刺那些自命党性强而无所作为的人，于是引起了大家对我的围攻。一位女士还放声大哭起来，说她虽被推荐为微生物室的学习标兵，但真正的标兵是我的研究生王孙仑，她并没有得到一个“学习标兵”应有的重视。于是会议气氛马上变得很紧张，大家都发泄对我的不满。有人拍着桌子，说我“不像一个共产党员”，“对微生物室实行家长统治”。从这些人的发言中，就能悟出他们对我的积怨有多深。这是我万万没有想到的。可怜我当了多年微生物研究室的主任，风雨晨昏，呕心沥血地工作，今天却落得这般结果。世事真如白云苍狗！

那天晚上我拖着疲惫的身子回家，盛华和我年迈的父母，还有两个刚懂事的孩子都在等着我回来。他们都为我今晚受到的诬蔑而愤慨、难过。这一夜我辗转反侧，无法入眠。我的右眼从此逐渐看不清东西了。因为眼疾加剧，“四清”工作组同意我去华东医院看病。经眼科主任黄医生检查后说，我的两眼，特别是右眼黄斑区水肿很严重，必须住院治疗，而且断言这是精神上受到刺激引起的。但我没有说受刺激的原因。这样我就住院了。

随着“四清”运动的逐渐深入，对我的批判也逐渐升级，跟随我工作多年的陈俊标和顾德安夫妇俩常来医院看望我，告诉我一点关于运动的情况。后来被人告发，受到批评和警告，说他们“通风报信”，所以连他们也不敢来了。工作组的那位姓李的副组长到医院来看我，要我老实检查，说什么既要治眼病，也要治思想病，要我老实交代借搞科研之名，图个人名利，走资本主义道路的问题。他还说，“你的学生已向我们揭发你搞理论脱离实际的资产阶级一套，他们现在已在研究水稻螟虫的防治。微生物室的群众已开始觉悟，不再受骗上当，你已成孤家寡人了”，等等。我在这所医院并不安宁地住了约三个星期，然后被转送到了无锡大箕山的疗养院。疗养院里有一位年轻的医生叫汤成华，刚从南通医学院毕业。他发觉我一直沉默不语，常常一个人在太湖边散步，就主动找我谈心。他的诚恳和关心赢得了我的信任，我慢慢地向他诉说了发生在我身上的事情。于是在这孤寂的小山上我有了一个可以谈话的朋友。一天，忽然有人通知我，说是上海有人来看我，我还以为是植生所的总支副书记杨坚，可是来的却是办公室主任戴钊。戴钊一到就告诉我，群众对我意见很大，工作组急着要我回去检查。我依然态度“恶劣”地对她说：“我没有错，我对得起国家，要我回去须得医生同意。”汤医生最后同意我再疗养两个星期，然后下山。

1964 年秋，山上的树木已开始凋零，天气也一天比一天冷，我带着寒意和忧伤离开了大箕山回到上海。第二天，工作组的刘组长在 16 号楼（现在是上海细胞生物研究所工会楼）找我谈话。他说：“王仲良将一个重要的任务交给你是错误的。你只是党员中的小学生，党员高研中最差的一个，你为什么不向姚鑫、汤玉玮等学习？你把微生物室引到哪里去了！”他又说：“有人说微生物室是淮海路水平①”，“你搞的是资产阶级那一

① 淮海路是上海高档商品汇集之处。此话意指微生物室的人讲吃讲穿，资产阶级思想比较严重。

套”；“有一位研究人员，我们这次并没有触动他，但他心虚，知道瞒不住，向我们坦白了他的不正当男女关系，这样的事你并不是没有觉察，有党员曾向你提出过，但你非但不去追问，反而批评那位同志大惊小怪……”“你的一个亲信也已坦白交代了他的不正当男女关系问题。也有传说你也有问题，但你不用着急，现在我们已弄清了。但你作为党员、室主任，对室内这些乌七八糟的事难逃责任”。

同时，在 16 号会议室的外面就贴有一张非常醒目的大字报，标题是“沈善炯，你把微生物室引导到哪里去了”，这是当年分院组织部长写的。我的孩子沈聿看到这张大字报，立刻奔向他祖父的怀里哭了，他知道一场大祸即将降临我家。

从那时起，我被指定每天按时上班，接受群众批判。我第一天回到微生物室，工作组便命令我坐在会议室听候发落。开批判会时，大家攻我最厉害的是我的“架子”。我的个性中的确有傲气不服人的一面，他们就此无中生有，编造了许多天方夜谭式的故事。最恶毒的攻击是来自一些听起来相当逼真的故事：说有一天我拿了一本厚厚的书上楼，我把那本书交给别人，命令她给我拿到四楼去；还说我在路上碰见一位女士，因为她没有向我打招呼，就责问她：“你认识我吗?”以后还添上“你见你父亲打招呼吗?”这种造谣诬蔑之词一直到现在还被人用来在背后诽谤我。

他们还将当时和我一起工作的一位研究实习员隔离起来，每天出题目授意她交代我平时言语中流露出的叛国思想。她在压力之下写了 128 项我的罪行，说什么我曾告诉她我在监狱里穿的衣服都是洁白而且烫得笔挺的，平时有苹果吃等荒诞之词。我乍听之下不禁笑了出来。如果真有这样的事情，日本人恐怕都要涌往监狱去享受这些待遇了。还有，在苏联医学科学院生化研究所工作期间，我常和生化学家布劳斯坦讨论工作或闲谈。

布劳斯坦每星期只在星期三上班一天，有人竟说我羡慕苏联科学家的生活待遇，不必每天都上班，就此说明我不想回国，我的叛国思想早已存在。如此种种，从搞个人名利，腐蚀青年走资本主义道路，到企图叛逃出国，他们找出多个罪名不断对我进行批判。想报效自己的国家而被诬蔑为卖国或叛国之事在我国历史上都曾有过。但发生在20世纪的中国，我深感不解，也为之痛苦。但我并不因痛苦而后悔当年的抉择。我坚信我1950年的航行目标没有错，历史将还我一个公道的。

不久，关于“四清”运动的“二十三条”从天而降，我的境遇开始有所转变。一天工作组叫我去听上海市委副书记陈丕显给全市“四清”工作队的报告。陈丕显批评有些工作组的做法过火时说：“有些知识分子从国外回来，抱着一股热诚，想为国家做点事，犯了一点错误就动不动把人整成走资本主义道路，反党反社会主义……”当我听到这段话时忍不住哭泣不止，周围的人都回头注视着我。以后有一段时间我被莫名其妙地指定去参加工作组的一些会议了。白学光一改过去的口吻，在会议上说：“我们不要抓了芝麻当西瓜，有些事一风吹就算了！”接着我被人揭发的128项罪行也在一个晚上重新核实，我以被告身份列席。当逐条与揭发者核对查实时，此人对工作组说：“这是你们要我讲的呀！”于是只好逐条取消。最使我感叹的是，一天下午下班时，那位负责在微生物室搞“四清”运动的人忽然找我，要我和他一同乘小汽车回家，我婉言谢绝。但他坚持要我乘车，在车里他对我说：“过去把你搞臭了，但下星期起，我会把你扶起来的。”我听了真是啼笑皆非。一个人的命运，眨眼之间，可以由他翻云覆雨地摆布！时而天上，时而地下。

不久情况又有了变化，他们不再让我参加工作组的会议了。周围的人又在回避我。新任的微生物室支部书记找我谈话，说：“你私心太重，搞资本主义国家那一套，把微生物室作为达到成名成家目的的工具，你坑害了多少青年！”“群众现在阶级觉悟提高了，知道你在搞什么名堂。”对这样一些陈词滥调，我听得都有些麻木了，反应不如过去那样强烈。除了任人宰割，我还能怎样？

下　乡

1965 年 5 月 24 日植生所“四清”运动面临结束，在微生物室召开的支部党员会议，宣布了对我“留党察看两年，以观后效”的处分。党员中的积极分子首先响应发言，说这是“党对沈善炯的宽大，像沈这样的人，即使开除党籍也不过分”，好像没有把我开除出党是个遗憾似的。其他的党员也都纷纷表态拥护这个决定。只有陈俊标提出异议，认为对我的处分太重，应改为严重警告。可是陈俊标本人也在这次会议上被“劝退”了，即劝其退出共产党。俊标随我工作十多年，是我研究工作中的重要力量，在那风雨的年代，他和他的妻子顾德安总是和我患难与共，关心和爱护我，今天他自知环境险恶，仍不顾一切地来拯救我。虽然他的话没起什么作用，但对我却是极大的安慰。

后来，支部对我的处分不知怎的被工作组改为“暂缓登记”，即我暂时不能登记为中共党员两年。那时凡经过“四清”运动被认为是合格的党员必须重新登记。我的不准登记意味着不合格或暂不合格。在全所的副研究员以上党员中只有我一个人“不合格”。

这一年 6 月我被指定参加宝山庙行公社的农村“四清”工作队，说是要我通过农村“四清”工作向贫下中农学习，改变资产阶级世界观。在宝山庙行公社的那一段时期，我得以与生物化学研究所来此搞“四清”的年轻人在一起。开始我带着沉重的思想包袱，觉得自己受过处分，而且在植生所“四清”运动中我是岳阳路区声名最为狼藉的人，如何与人去相处呢？初时生化所的人总是有所警惕，不肯与我多接近。但时间长了，彼此接触多起来后，他们却得到了相反的印象，转而同情起我来。由于他们对我的关心和鼓励，我在农村并不孤苦，而且不少人后来还成了我的朋友。也因为我的处境不坏，同来这里搞“四清”工作的植生所有些研究人员对此十分反感，他们恨不得在农民面前揭我的底，将我划入另册。其实我早已被划入另册了，如对副研究员以上党员的党内文件传达，我是不准去听的。记得有一次组长忘记了这条不成文的规定，叫我去参加会议，临时发觉不对，又叫我立刻退出。

周元聪回忆“四清”时的沈善炯①

“我和沈先生相识于1965年秋，那时我还是中国科学院上海生物化学研究所的一名研究生，我们同时参加了上海市宝山县的农村社会主义教育运动，并被分到同一个社教工作组。由于沈先生是我同学的导师，我对他除了尊敬之外，当然也知道他在植生所‘四清’运动中所受到的冲击，因此对沈先生还有一点敬畏。有一天，我跟他谈一个事情，偶然提了‘1347’这个数字。他说：小周，我对这个数字很敏感，我在日本坐牢时，我的号码就是‘1347’。接着，他跟我谈起了他从美国回来在日本被扣之事。美国中央情报局一直追他到日本，要求他去美国或台

① 据熊卫民：《周元聪研究员访谈录》（2008年）。收藏于中科院自然科学史所的中国近现代科学技术史资料中心。

湾，他不肯，结果在日本坐了两个月的牢，在国内外朋友的帮助下才出监狱。原来老科学家如此爱国！我变得更为敬重他。从那之后，我跟他的关系就更好了。在半年多的相处中，我发觉沈先生是一位平易而又随和的人，他是抱着诚心的态度到农村接受贫下中农再教育的，和农民同吃、同住、同劳动，丝毫没有什么架子和怨言，更没有叫过苦。他很受当地农民的好评，至今和当时的房东还时有电话联系，春节期间还用电话相互拜年。与此同时，他还是在社教工作组内唯一一位能和大家相处得很融洽的高级人员。‘文革’开始之后，他很快就被召回植物生理所参加运动，而我们生化所的这十多个年轻人还留在宝山继续搞‘四清’。听说他回去后马上遭批判，被斗得很厉害。又过了半年我们才回去。回去之后，植物生理所派人来找我们，向我们调查沈先生在农村的表现。我们如实反映情况，没有一个人说他不好，反而对再次冲击他表示了不可理解：在小‘四清’时，沈先生就已经挨过批斗了，怎么现在又揪他?!‘文革’当中，他是植物生理所被整得最厉害的。当时他的宿舍就在我们岳阳路 320 号大院内（现在用围墙把宿舍和研究所隔开了），有一次我遇到他，他对我说，自己真的不想活了。尽管饱受迫害，但他从来没有‘咬’过别人。这是他给我留下的第二个深刻印象。植物生理所当时咬人成风，今天还是专案组成员，明天被别人咬了就成了特务。但他不知道就不知道，从来不乱说。”

我住在庙行公社陆家桥生产队的一个贫农家里，这家农民有两间靠近公路的低屋。晚上我放开铺盖卷，睡在灶头间。耗子很多，常常爬到被窝里来乱窜。这家的主妇叫陈梅英，据说从前在上海市里打过工，后来嫁给这位以打鱼为生的陆姓农民。陈梅英知道我是读书人，但不知道我是被划入另册的人。她怕我过不惯农家生活，每次给我盛饭时，总在我的饭底下放一个煎鸡蛋。有一次被她的一个小儿子看见了，就嚷着：“为什么沈同志能吃煎鸡蛋而我没有?”陈梅英总是说：“小鬼，不要吵。人家沈同志来这里帮我们搞‘四清’，多么辛苦。他怎么能过这样的生活？所以我特地煎个鸡蛋给他吃。”我听了非常难过，我真想告诉她我是犯了错误来此吃苦锻炼的，我要和贫下中农同吃、同住、同劳动，改造世界观啊！陈梅英这个农村妇女，在我精神上惨遭折磨，有时对人生几乎失望了的痛苦时

1990年代中期，沈善炯(左2)与原社教工作队部分上海生化所的成员重访庙行公社[周元聪研究员(左1)提供]

期，能给我如此的同情，我将一生难忘。我常常想到陈梅英一家挂在口头上的一句话——“吃亏人好过”。它提醒我做人不要负人，宁可人负我。善良的农民！

在庙行公社的一年时间里，我记得最清楚的是，我们“四清”工作组的组长郑学明要我去调查一位曾在1958年被划为右派的姓黄的农民的事。当初我接到这个任务时，感到很棘手。因为我想，我在“四清”运动中是被认为“走资本主义道路”而受到处分的，而那姓黄的农民是右派，我和他都犯了“右”的错误，说穿了属于一路货色，让我去调查右派岂非笑话！我心里这样想，但我又不好去向组长说，只好硬着头皮去干了。哪知我和那姓黄的农民谈了几次话以后，我发觉他并没有任何对党不满和反党的言论。他只是说了一两句要求组织注意的话，却被定为右派。我内心同情他的冤屈，但谨慎地不说一句有意见的话，只是将调查记录如实地报告给组长。忠厚的农民把一线希望寄托在我身上，希望我将实情上报，然后获得平反。这当然是徒劳的。记得我向组长汇报时，我说：“老郑，我虽然按照你的吩咐去调查了这件事，但将来有可能我会被诬蔑为右派分子翻天，那就罪上加罪了。”后来“文革”中，我的这个预言不幸被证实了。在一个全所召开的批斗我的大会上，一位同去搞“四清”的人就指责我，说我在农村为右派分子翻案。幸亏老郑是一位正直的人，他挺身而出，为我申辩，说此事与我无关，是他安排我去做的。

1966年6月，我们奉命离开庙行公社。我所在的陆家桥生产队的农民都来送行。陈梅英还和几个农民一起送给我一本签了许多贫下中农的名字，夹有一束麦穗的纪念册。他们把我看做他们的亲友，临别时大家依依不舍，情深意长。我曾望风怀想，今后可能的话，我会和老父、老母、妻子和孩子重返白蚬江头我的故乡，务农为业，了此余生。那时我在庙行公社已经听到“四清”工作团团长卢伯明传达的关于“五一六”的通知，知道“文化大革命”已经开始。这次我对政治运动已有了些敏感。我做好思想准备，而且预计自己此劫难逃。走的那天，记得我们搭一辆大客车回到上海岳阳路320号，生化所的苏妙根帮我拿着一件行李下车。一到大门口就看见许多大字报。在大楼的二层楼上，生化所的一些人探出头来，指着楼下说：“看！沈善炯回来了！”

我是回来了，回来面对的是“史无前例的无产阶级文化大革命”，一场更大的风暴。它袭击的何止我个人，整个中华民族都沦于黑暗苦难之中，长达十年之久。

记得有一次他从家里弄来一小撮用白酒浸过的米，放在田埂上喂麻雀，结果引来了很多麻雀。麻雀吃了这些米后，有的晕倒了飞不起来，我们就捉了几只，玩了一阵，最后又把它们放了。麻雀自由了，但我们呢？

因为他们从我的病历卡上得知我是“牛鬼蛇神”一类，就不施用麻醉，由一位男护士用力将我按在手术台上，那医生拿起红宝书，叫我同他一起念：“下定决心，不怕牺牲，排除万难，去争取胜利！……”接着就在我颈部开刀了，痛得我死去活来。

第 7 章 无产阶级“文化大革命”

1966 年 6 月我刚从农村回来就被“勒令”每天到零陵路微生物室接受批判和写“交代”。揭发和批判我的大字报已贴满整个走廊和岳阳路320 号的围墙内外，上面用极恶毒的语言来描述我反党、反社会主义的罪行，署名常常是“打狗队”。大字报作者们的意思是，我在“四清”运动时已被打倒，是一条“落水狗”，他们当然是打狗者了。微生物室某研究员的一位新来的研究生，用讥讽的口气对我说：“你要规矩点，不要再想着坐你的宝座了，也不准用你的黄茶杯，老老实实交代你的罪行，你肚子里的货色很多嘛!”这样，我被赶出我的办公室，坐到了会议室的一侧。在会议室里，那位研究员很神气地对大家说：“揭发这些人不能手软，如果陈广澧不认账，我们大家都要咬定，说是大家都听到的……”那时陈广澧作为“走资派”也被“革命群众”揪出来了。而此人的话，分明是讲给我听的，意思是即使我申辩，也将是徒劳的。

1966 年 8 月 9 日早晨，我在微生物室听到了中央关于开展“文化大革命”指示的广播，即“十六条”。其中第十二条谈到科学和技术人员，说只要不反党反社会主义，不里通外国，积极工作，对国家有贡献的人，应该得到保护，并帮助他们改造思想。但就在宣布这“十六条”的上午，上面提到的那个研究员指着我说：“不要妄想！十六条中的第十二条写得清清楚楚，只要不是反党反社会主义才能得到保护，你沈善炯不反党反社会主义吗?”这话倒是提醒了我，不要轻信这个指示，我是早已被大家肯定了的反党反社会主义的反动分子。我回家后告诉盛华，让她不要抱什么希望，可能麻烦还会更大，我是在劫难逃的了。但盛华始终坚持事情一定会清楚，我将会获得保护。

在那个风雨飘摇的年代里，大家都知道一言之差可以招致大难，那些借政治运动以泄私愤的人，难道心里不清楚吗？有一位知名科学家说了一句话：“在实验室，大家要听我的话，我是皇帝!”于是被诬为想要推翻人民民主专政做皇帝。我的一个朋友对一位党员干部犯的错误极为气愤，说“这样的干部该杀”，于是被控为要杀共产党员。而我自已平时也常常有这类牢骚。

批　斗

8 月 15 日下午植生所的革命群众在岳阳路 320 号大礼堂内召开批判斗争殷宏章的全所大会。令我最为惊奇的是，他的一个学生，指着在台上弯腰接受批斗的殷宏章说：“在我面前站的人不是我的老师，而是我的敌人!”好一个划清界限、大义灭亲的壮举！其实这类壮举并不稀罕，学生揭发老师在“文革”中成了最流行的革命行动。17 日上午继续批斗殷宏章，我接到一张小纸条，上面写着“沈善炯，你站起来揭发殷宏章，这是对你的考验，也是你主动赎罪的机会”。我们微生物室的那位研究员站起来大声发言：“沈善炯！殷宏章的大弟子！你们相互勾结反党反社会主义，必须彻底交代！”我的交代是：我和殷宏章在研究工作中搞个人名利走资本主义道路，对不起人民。这种空洞而违心的话反而引起了人们的愤怒，随之是一片“打倒殷宏章和沈善炯”的呼声。

不久岳阳路大门口张贴出来一张以“揭开沈善炯的画皮，看黑货”为横幅的大字报，其中主要是揭发我的“崇美思想”以及前年“四清”运动中在压力之下诞生的128条罪状之类。听说这张昭示全院群众以及岳阳路区来往客商的大字报还是植生所的党委书记特邀一些“专家”们起草的，是全分院历史上最气派的大字报。此后是无数次大大小小的批斗会，详情我大都记不清了，只有那些印象深刻的场面倒还记着。例如在岳阳路320号内16号楼会议室的一次斗争会上，有一位资深研究员说我披了大红袍做反党反社会主义的事，又说我早有叛国思想。他要我交代1957年在莫斯科开“生命起源”会议时我与我的加州理工学院老师哈洛威士说了些什么，为什么要和他一起合影，我听了真是哭笑不得。我说我并没有出席过1957年的会，与哈洛威士一起拍照的是殷宏章不是我。主持这次斗争会的人觉得不好办，只好照例在高呼“打倒沈善炯!”“沈善炯不老实还在放毒!”等口号声中草草收场。

还有一次是批斗殷宏章的会，我是“陪斗”者。会议虽小，但“火力”却猛。“革命群众”不断要殷宏章交代问题。忽然有人把斗争的矛头指向我，说我曾在殷宏章家批评一位研究员在美国读书时不用功。于是群众就要殷宏章证实这件事。殷宏章说：“我没有听到沈善炯对他的任何批评。”其实我确实对他谈过此事。殷先生显然不愿连累我。真是患难见人心，师生之谊此时尚存！

“定性”

那年10月，要给殷宏章、杨坚和我定性，即定是人民内部矛盾还是敌我矛盾。其实我们三人“反党反社会主义”的性质在运动一开始早就定好了。记得有一次微生物室新来的支部书记（他很巧也姓陈）对我说：“你的性质早已定了，你不要再强辩，辩来辩去，只是一瓶醋或半瓶醋的问题，是醋却是定了的。”10月19日在岳阳路320号的大门口，贴了一张要对我进行公开审问的海报。我的儿子沈聿回家后问我“是斗争还是批斗大会?”他知道如果是“批斗”，还有希望作为人民内部矛盾处理，如果是“斗争”那就是敌我矛盾了。我告诉他，我只知道开大会，对这张海报，我不敢多看。于是沈聿和他妹妹直奔大门口，仔细看了，匆匆回来告诉我：“爸爸，是斗争。”翌日晨，即10月20日在岳阳路大礼堂举行了较大规模的对我的斗争和定性大会。早晨8时15分红卫兵将我押上斗争台，除植生所外，岳阳路区其他各所的人都来了，一个礼堂坐得满满的，所以实质上是一次对反革命分子的公审大会。首先要我交代反党反社会主义罪行，于是我按例说了些违心的大话，什么搞修正主义科研，个人名利呀，在微生物室实行资产阶级专政呀，等等；又按例引起了一片“打倒”声，好像我的确犯了什么十恶不赦的大罪，触犯了公愤似的。会议一直开到十二时半，我因为一直保持低头弯腰的“认罪”姿势，头部疼痛，疲乏不堪。

晚上 7 时继续开会揭发批判。微生物室的“革命群众”显示出了他们的斗争艺术和威力，他们集中批判我的研究工作。他们知道，唯有在学业上把我批倒，才能置我于死地。我的一个研究生的发言长达半小时，讥讽我不学无术，指责我弄虚作假。他说我与医药工业研究院合作搞链霉素的增产以及枯草杆菌的工作都是假的，等等，说得有板有眼，一副煞有介事的样子。这无非是要在业务上把我搞臭搞垮，说明我是欺世盗名、招摇撞骗之流。我的另一个高足则绘声绘色地当场挖苦我，说我看技术员鉴定抗生素时很不满，但自己又不会动手做，真是不懂装懂的所谓“科学家”。接着一位算是代表微生物室的革命群众发言，她指着我高声说：“你们看！沈善炯今天已是过街老鼠，人人喊打！”接着又列举我反对三面红旗、反对学习《毛选》、懊悔入党等罪项。植生所其他各研究室的代表也都起来纷纷发言，用一套常规的斗争语言责备我、揭发我。发言最为出色而且响亮的是一位我素不相识的女性，她一口“京片子”，犀利、刻薄、上纲上线，欲置我于死地而后快。今天回忆起她的声调仍使我心寒。现在我们见面时却非常客气，想必区区小事她早已忘记了。最后由大会主席宣布我的罪状：反党、反社会主义、反毛泽东思想、结党营私、走资本主义道路。根据群众的要求，将我清除出中国共产党，撤职，戴上右派分子帽子，将工资减低至生活费用标准，押送农场监督劳动。于是台下又是一片呼声：“打倒三反分子沈善炯！打倒右派分子沈善炯！毛主席万岁！”我再次被押送下去。

由于我连日遭批斗，身体本已劳累至极，当听到被定为右派分子时，耳朵里响起不久前殷师母对我说的那句话——“你有老，有小，怎么办？”——我满身冒冷汗，竟在台上倒下来了。后来主席团叫我先退，由两位主持斗争会的人押送我回家。一到我家，那位主席也来了，拉着我的手说：“这仅是群众的意见，还没有定论，不要着急，要争取宽大处理。”这个主席后来在所谓“二月的黑风”中贴出一张大字报，评论对我的斗争是错误的，号召大家起来对资产阶级反动路线“反戈一击”。可惜此人后来也受到批评，说他立场不稳，敌我不分。

我被定性后的第一天，我的孩子就被清真路那些“老子革命儿好汉”的孩子们殴打。一人“犯罪”，株连全家！11 月 1 日起我被通知到漕河泾农场劳动。我早出晚归，只见满街都是红卫兵，沿路都竖着“语录牌”。全所的“革命群众”都在组织造反队，起来反对资产阶级反动路线，批斗“牛鬼蛇神”的会少了。那时我倒有这点觉悟，提醒自己，像我这种人还是低头劳动为妙，不管谁来，我总是“人民的敌人”，现在不是我可以说话的时候，免得再来一个“反攻倒算”的罪名。在农场劳动期间，殷宏章、杨坚和我是同一类最危险的“牛鬼蛇神”，其他的“牛鬼蛇神”都主动地与我们区别开来，以免混淆不清。只有潘国桢，一个在“四清”运动中被划为“反革命分子”的人，却和我们挤在一起，自称“我们牛鬼蛇神”，挺有勇气似的。在“四清”时就诬我叛国的陈广澧虽然也已被划为牛鬼蛇神，但属于轻犯。她一看到我就很生气，常怒目斜视，有时还对着我，用力从嘴里吐出一些唾沫来。有一天，科学院上海各研究所在大草坪上召开批斗前上海分院党委书记王仲良的大会，陈广澧离开农场直奔岳阳路 320 号大院，贴出一张叫“血泪控诉”的大字报，洋洋万言控诉王仲良，说他纵容和包庇我这个三反分子，而让她这个忠于毛主席的革命者备受冤枉和迫害。

那时我家是夜不闭户的，一进门就能见到一张贴着“牛鬼蛇神老窝”的大字报，任何人在任何时候都可以来抄家和斗争。有一天，一个曾在莫斯科时对我说过，看到我的背影就觉得是大科学家的人忽然来我家，要我回答他一个问题："沈善炯，你是科学家还是骗子？"我回答他："你自己去决定吧！现在的我和你当年看到的我是同一个人。"其实我觉得自己比骗子还不如，骗子还是人，现在我已成为鬼了。微生物室有个患有精神病的人，看到我要乖乖地避开，路上遇到的过去的熟人更不用说，都很快绕道而过，怕碰上我这个鬼。

我的孩子沈聿当时才 14 岁，在南洋模范中学读初中二年级，因为我是三反分子，他自然受到牵连，在学校里不仅被人看不起，还常常遭同学殴打。他立志要随一些年长的同学步行去北京，以为只要到了首都，有幸见到最高统帅，回来就将不再受到别人的欺侮。他背着一个沉重的行装离开家门，临别时我的老父暗自流泪，不放心他心疼的孙儿。沈聿先步行到嘉定，然后至苏州，由于脚底生泡出血，走不动了。领队的是一位年龄较大的同学，终于说服他乘火车回上海。回上海后，他慑于那些自负出身好的孩子对他的攻击，开始天天练习摔跤等运动以自卫。我的小女儿沈群那时 12 岁，在小学读五年级，看到当时分院有人自杀的情形，回家扑到我身上哭着说："爸爸不能死！"盛华在实验生物所也被划入另册，小组会上，只要她一发言就被攻击为"右派翻天"。我们一家一直处在悲恻之中，惶惶不知将来会有怎样的结局。

我的好朋友，当年西南联大时的同学钮经义，因忍受不住造反派对他非人性的凌辱和虐待，匆匆离家逃亡在外。他为了生存，带了多年来研究人工合成胰岛素的实验数据和成果逃往北京，预备向"中央文革"呼吁求救。这个举动在当时是非常危险的，在红旗招展的漫长奔道上，一旦被人发现就有生命危险。老钮想得也太天真了。即使他有幸抵达北京，找到了"中央文革"，难道就会看在他研究成果的面子上，准他这个状，为他这臭老九申冤吗？果然，不久他在无锡的一家小客栈里被造反派发觉，押送回上海。一到上海北站立刻被押着递解到岳阳路320号的大草坪上，召开“斗争大会”。[①] 可怜当年抱着一颗赤诚爱国之心而回国的科学家，被殴打得眼镜落地，遍体鳞伤。那天窗外传来钮经义阵阵凄惨的叫声。物伤其类，能不心痛！

从1967年10月到1968年的上半年，在我的记忆中是一个狂风骤雨中的间歇期。革命群众四处串联去了。我安分守己地过着牛棚生活：按时步行去农场劳动，学习，写检查，背诵最高指示，准备随时被批斗。那时我们在农场劳动受到的管制也松多了。很长一段时间以来，我已失去了思考的习惯，在路上行走真如行尸走肉，低着头没有一点感觉。可是这时我又开始苏醒了。我看到公路两旁住在简陋低屋内的居民，非常羡慕他们能过着普通公民的生活。我一路痴想，希望能得个“人民内部矛盾”的处理，让我回到人民中来，和大家一样做个“人”，也能像他们那样生活。回到家里，我把自己的念头告诉盛华。我说：“如果我们能搬到这公路两边的平屋住多好，平平安安地不会惹人注意。”这一段时间，我和老师殷宏章可以自由走动了，彼此打个招呼，讲几句话。殷老师要比我开朗得多，记得有一次他从家里弄来一小撮用白酒浸过的米，放在田埂上喂麻雀，结果引来了很多麻雀。麻雀吃了这些米后，有的晕倒了飞不起来，我们就捉了几只，玩了一阵，最后又把它们放了。麻雀自由了，但我们呢？

---

① 周元聪研究员也谈及过此事：“钮（经义）先生嘛，主要是因为他有时候发点牢骚，在‘文革’的时候，这些话被披露出来，并被歪曲成‘要枪毙共产党’什么的。于是他被揪了出来。他受不了批斗，还逃跑过一次。但那个时候的中国哪有可以逃避的地方，他很快被抓回来。过320院大门时，我刚好看到，我们所看管门房的人出去就给了他一拳。那人是1949年解放过来的国民党兵，转业后先在我们所的总务部门工作，大家对他不满意，后来将他安排到320号大院看门。”见熊卫民：《周元聪研究员访谈录》（2008年）。收藏于中科院自然科学史所的中国近现代科学技术史资料中心。

我问老师："您能否设法写信给钱学森，请他向上级反映我们的情况？我们哪里是什么特务、反革命？"他的回话是："没有用，我一直关心的是周总理，只要总理在，我们的事就会弄清楚。"他又说："'文革'以后，我也不想再做什么研究工作了，我真想告老回家安度晚年，或者在这里做个农场管理员也好。"当我告诉他我也有同感时，他说："你还年轻，还用得着。你这个人虽这么说，但只要一鼓励，你一定会再上的。"这是"文革"中我们师生间最长的一段而且也是较自由的一次谈话。知生莫如师，"文革"后，我的确又抓紧时机做了些事，并没有告老还乡。老师已去世多年，每当我回忆他时，就会想到上述这一段故事。

在农场的劳动轻松一点了，可我们院子里对"牛鬼蛇神"的改造却加强了。各家保姆的阶级斗争觉悟提高了，她们组织起来，到家里来斗。我是重犯，她们合伙光临，说我们剥削她们，要补偿她们的工资。星期天或

经连续批斗之后的沈善炯(1968年)

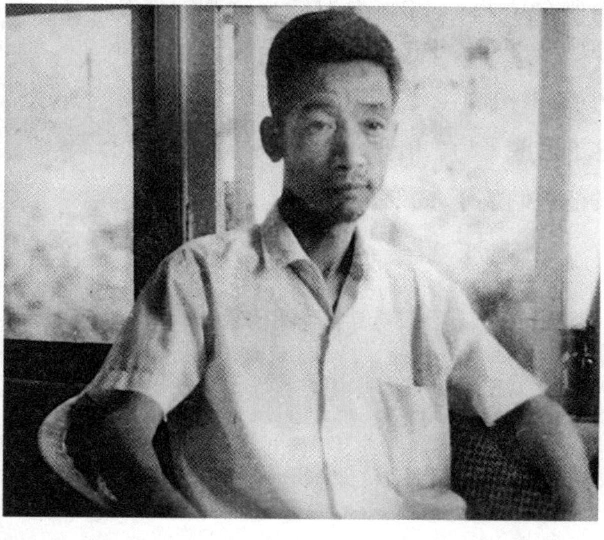

其他假日，我们“牛鬼蛇神”类的，一概不准外出，由她们在院子里监督劳动。这叫做“革命群众高兴之日，是反革命分子倒霉之时”。

“清理阶级队伍”

“清理阶级队伍”，其实就是各单位在工人阶级领导下的一次清查户口，目的在于挖出所谓隐藏的反革命分子。工总司（上海工人革命造反总司令部）的头头，“四人帮”的主要人物王洪文大放厥词，说：“科技系统敌情复杂，历次运动都没有搞，坏人越积越多，死水一潭，要好好清队。”原上海市委常委马天水跟着叫嚷：“科研单位敌情比工厂更严重，更复杂，这一次一定搞彻底，把叛徒、特务、反革命统统挖出来。”还有一个叫戴立清的，是负责科技单位的造反派，说什么科技界有“六多”，即知识分子多，统战对象多，进口货多，特务多，集团案件多，现行反革命多，是叛徒成堆、特务成串的地方。马天水和戴立清等决定以植物生理研究所为样板开始清队。

1968年9月，工人和解放军毛泽东思想宣传队（简称工宣队和军宣队）进入植生所，清理阶级队伍的工作开始了。10月15日起办学习班，称“抗大学习班”。起初牛鬼蛇神和非牛鬼蛇神是杂居的，我和罗宗洛、金成忠、陆训等关在一起。每天早晨吹号起床，晚上吹号熄灯，人员调动频繁而且迅速，俨然在军营中，这或许就是被称为“抗大学习班”的原因。白天我坐在一个实验桌的下面，晚上铺了被褥睡在上面。因为我是重犯，所以微生物室的“革命群众”已在桌底四周贴满为我特制的、要我低头认罪的纸条。黑夜并不平静，常常突然将人押走，一去就不再回来，或者调进一些外来的陌生人。金成忠和罗宗洛就是先我被押走的。调进来的是一位生理所的职工，据这位生理所的人说，植生所是大本营，新造的房子正好派上用场。记得在 12 月 3 日夜间，我被植生所工人造反队叫走，押送到一间危险药物仓库。因为仓库四壁没有窗，只在朝北的高处有一个狭小的窗口，白天晚上都开着日光灯。我闷得发慌，激起了我当年在日本监狱里禁闭时犯下的毛病。我要求给我一些空气，其实是指一线室外的光线，工宣队总算同意了。一位姓殷的工人（不幸他现已去世）将一个锄头夹在门缝里，这样我好像见到了外界，心里不再那么憋闷发慌了。后来天气日渐寒冷，锄头只好拿走了。

1968 年 12 月 26 日晚上 10 时，仓库门突然大开，外面是一片白雪，寒气逼人，我被带到人工气候室二楼靠北的一间房子里。审问我的是微生物室的人。他说，植生所有个马蜂窝，是特务组织，我必须交代和这个组织的关系。我不知道什么是马蜂窝，当然无法交代。他就揪住我的头，用手掌侧击我的头颈逼迫我交代。我总不能凭空捏造，因此我断然否认做过什么“特务”。一天后，此人走了，代替他的是微生物室的另外三人。他们对我的迫供要厉害得多，要我站着两脚并拢，弯腰 90 度，如果我的弯腰姿势不到 90 度，就用一根木棒横在我的脖子上，用力向下压，达到标准才罢手。这样我哪里能长时间坚持下去？每当我一倒下去，那个叫“冬瓜”的工人就把袖子一卷，咆哮着要来打我，我经不起几下打，就又倒地了，于是他再将我拉起来，这样我就屡站屡跌，屡跌屡站。我实在没有什么可以交代的，他们就要我读《毛选》第四卷中的《敦促杜聿明等投降书》，说什么你只要认真读，就能立竿见影，说出你的特务罪行来。于是我念啊念啊！那篇《敦促杜聿明等投降书》被汗水染得黄迹斑斑，但还是没有悟出一个“特务”的故事来。审问我的人在旁边一本正经地说：“植生所的特务组织已经破获，参加特务组织的人都交代了，只有你还在死不认账，材料就在隔壁，证据确凿，不需你的口供就可定案，我们现在是在挽救你……”一位女性造反派头头突然光临了，对我说：“你要见你的孩子吗？他现在还在中学里上学，我们找他了。只要你能坦白交代，他就没有问题，不然你要害他的……”我听了，几乎晕厥过去。我没有什么可以招供的，别人陷害了我，为什么还要陷害我的孩子？我要对得起我的良心，我怎能乱供，否则活着还不如死去。可我难道就这样害我的孩子吗？

不分昼夜的逼供，我被摧残得身体已经无法再支持下去了，蒙眬中，我交代了 1947 年我在北大当研究助教时，因要赴美留学，由校长胡适出面为我申请出国护照以及介绍去美国大使馆办理签证的事。这个交代只能道出我和“战犯”胡适的一点关系，远不能满足审问者的要求，达到做一个“特务”的标准。

无论如何这倒是我第一次交代和胡适的关系。我一直钦佩胡适之先生的治学与为人，所以过去凡在批判胡适的会议上，我都保持沉默。这次我虽然交代了我与他的这段交往，但我也决无有损先生之言。可惜先生已去世多年，不然我总希望能见他一面，感谢他当年对我在求学上的帮助。

我的身子疲乏得摇摇欲坠，以致精神麻木。我只迷迷糊糊地感觉好像旁边的人像旧社会上海的流氓地痞那样，都在笑我、捉弄我。他们喝茶，抽烟，吃糖……将茶水倒在我身边。当我要水喝时，他们将喝剩的茶给我。我在昏昏沉沉中，仿佛见到我的小女儿沈群，她从村庄的一棵大树边，载歌载舞而来；我又像是站在岳阳路大院里的紫藤架下看串串紫藤花。再凝神一看，才发现眼前原来是那些丢在地上的一张张印花糖纸，面前仍是怒视着我的那三个人。

由于长期弯腰，我的十个手指胀得像红萝卜一样，变成了深紫色，两腿也因肿胀而失去知觉。我已不能大便，只能把塞在肛门口的大便一块块用手挖出来。我的身体无法再支撑下去了，我想用自杀来解除痛苦。我曾几度想趁去三层楼上厕所的机会跳楼自杀，但总是有人挟持着我，寸步不离，令我无法脱身。现在想来我要谢谢他，否则我或许早已不在人世了，而且我的死，势必牵连我的全家。这样徒劳地连续折磨我十天十夜之后，1969 年 1 月 5 日他们终于把我放回仓库。这几个没有人性的刽子手，后来扬言："我们没有打过沈善炯，我们只是要他老实交代。"或许由于这个谎言，"文革"结束后，这些人没有被列入"打砸抢"之流，有的甚至还升了职，交了好运。

三天以后，即 1969 年的 1 月 8 日，我又于夜里被三连（即光合作用组）的人带到人工气候室二楼的一间朝南的房间去审问。他们要我交代做"美蒋特务"的罪行。一个姓蒋的人逼我听录音，说什么"殷宏章都交代了，你还抵赖！"又说什么"李宗仁已交出在国内的国民党特务名单了"等。他们得不到满意的回答，就打我。常先打我耳光，然后抓住我的头发，把我身子提到空中后往地上掷。照样，要我弯腰 90 度，两腿并拢。有次我弯腰还算标准，可是两腿却没有并拢好，那审问我的人中，有个瘦个子就用他的脚拼命踢我的脚，把我的两只鞋子都踢破了。还有一个女将，用手指甲抓我的脸，把我的前额和两颊都抓破了。奇怪的是，我这次并不觉得有什么痛苦和害怕了，反而说"你们这种要比二连（即微生物室）好一点，我不怕打，只求死得痛快，我害怕恶弄……"连续审问了我两个晚上以后，到第三天晚上，他们即宣布我是台湾国民党派遣来的特务，当年在日本是他们有意放我回来搞特务活动的。又说我是"弹钢琴"的特务（指发电报）。不知怎的，我说出这样一句话："你们这样审问我，如果真的被台湾国民党知道了，那岂非被人讪笑！"在当时的情况下，这种回答和语气是不能容许的，难免一顿毒打，但适得其反，那个审问我的工人听了却立刻终止对我的审问，要那姓顾的农场工人把我带回仓库。

回到禁闭我的仓库，我好像回到了“天堂”。我的身体已完全垮了。我伏下身子，凝视着四壁因长期受潮而留下的污迹，冥冥之中好像回到了我孩提时的故乡。我看到河上的芦苇，芦苇丛中划出一叶扁舟，满载着我村里的农民，他们是来救我的，我得救了，我几乎痴想得发狂。看守我的一位张姓打手不时开门来检查，每次都要骂几声，说就要把我送到提篮桥（上海一所有名的监狱）去了。天呀！我心里想，你们快送吧，我在这里再也待不下去了。我在一张小纸条上写了几个字，暗示我受尽苦难，我把它藏在贴身的衣服里，以备我死后让家人知道。这个纸条我一直保存着。

因为这些人采取种种刑罚都得不到我是特务或反革命的口供，他们便想到了我在日本监狱里得过的一种病，只要一进小屋，房门一关，我就会控制不住，会发狂。于是他们决定采取“密封”处理办法，逼我交代。在光合作用组的人审问我不久，我被带到人工气候室三楼靠西边的一间不到两平方米的小房间内，在那里，我伸手就可以碰到天花板，除了东侧有一扇铁门通往过道外，四面密封。天花板上有一个缺口，由此通出一根电线接上电灯，在房间的一端放上一个尿盆，墙上贴满“坦白从宽、抗拒从严”等纸条。关在这间密封的小屋里，就像是被关在一个箱子里，我闷得要发疯。这是极不人道的做法，甚至对待家畜也不应该这样。我乱敲门，狂喊“快开门，快开门呀”，后来有人开门了，是一位工场的工人，他凶相毕露，对着我说：“你不交代，嚷什么！”就用力将我一推，又把门关上了。从此我几乎是一秒钟、一秒钟地熬这段难以形容的痛苦时光。一天以后我被释放，回到仓库，那时我忍不住流泪了。我在木制的药品架上写上我回来的日子。“文革”以后我回去看过，可是木架已经重新油漆，没有字迹可寻了。

由于搞我的专案组的那些人得不到任何关于我是“美蒋特务”的口供，于是一天夜里，军宣队亲自出马。军宣队的人正式地对我宣布，说我在解放前参加过反动组织，由于这个组织的纪律森严，所以我的事情未被揭露，现已证据确凿，不需我的口供就可定案。接着他向我宣布了中共中央对反革命分子的政策，以及清华大学工宣队坚决贯彻执行的知识分子“再教育”、“给出路”的政策。我断然否认曾经参加过任何反动组织。2月18日，我写下了向工宣队汇报思想的几行报告：“我准备接受从严处理，别无选择，只是未满52岁的我，前程竟已结束，从此遗恨绵绵……”这个报告送上去后，一直没有回音。

长期的折磨，弄得我两腿肿胀得很粗，感到阵阵刺痛。最让我难以忍受的是我的颈部右侧逐渐肿胀，疼痛异常。后来胀到碗口那么大。我痛得不断呻吟，晚上不能入睡。值班的有个姓张的，看到我的病情，对我说：“你叫什么！以你的罪行我看吃一颗花生（指枪弹）还不够。”然后重重地把那仓库的“牢门”关上。有一天唐惕来值班，她看到我的痛苦情况，请示工宣队，让我获得了就医的许可。翌日晨，由唐惕陪我去中山医院看病，就在门诊间做了颈部淋巴结的穿刺检查。没过多久，就由一位医生给我动手术，因为他们从我的病历卡上得知我是“牛鬼蛇神”一类，就不施用麻醉，由一位男护士用力将我按在手术台上，那医生拿起红宝书，叫我同他一起念“下定决心，不怕牺牲，排除万难，去争取胜利！……”接着就在我颈部开刀了，痛得我死去活来。手术后又由唐惕陪我回来，她这才知道我没有经麻醉而动手术的情形。途经斜土路时，她在一家小商店里还为我买了一袋饼干，并叫我注意身体。在那个时期，唐惕对我的同情和关心是非常难得的。如今我每每遇到她，就会想起那一段历史而感谢她。

手术后，颈部的伤口一直很疼痛，因此我每隔几天都要去中山医院换药，带我去换药的人有的对我比较温和，有的则凶狠非凡。记得有一次是一位胸部挂了三个“忠”字章的妇女，她带着我到医院楼上的护士室换药后，又匆匆返回护士室。从此以后，护士给我换药就不客气而且马虎了，常常故意将伤口暴露在外面。后来才知道是这位“三忠于伟大领袖”的人将我的“反革命罪状”告诉了护士们，从而使得护士们提高阶级觉悟，对我这个反革命分子进行特别处理了。

在我以后的关押期间，虽然没有被再次提审，但我仍需写交代，有一次我竟直率地在写给工宣队的交代中，说我不是特务，而且殷宏章、罗宗洛、金成忠、倪晋山等人都不会是特务。这个书面交代递出后，我是准备挨斗的，但却没有得到反应。直到被释放后我才知道那时工宣队已更换了，由新来的一批工宣队接管。

有一天我得到通知说有人要看我。当我被带出仓库，走到对面的一个平房时，我看到了我的两个女儿，沈韦和沈群，旁边坐着工宣队队员和农场的一位工人。沈韦对我说：“不要顾虑，有什么说什么……”我回答她：“我都谈了，我在日本的事除赵忠尧、罗时钧外，还有钱学森也知道的，可是据说钱学森也有问题，那就难了，我去找谁作证?”沈韦接着说：“钱学森是九大代表，谁说有问题?”在一旁监视着的那个工人，脸上贴了一块橡皮膏，凶狠地制止了我女儿的话，我也就被送回了仓库。在不到半小时的会见中，我的小女儿一声不响地只在旁边哭泣。由于我知道钱学森先生无事，心里便产生出了希望，深信受到的冤枉会得到昭雪。

约两星期后，我的儿子沈聿也来探望我了，那时我已从仓库搬到对面的一间小平房里，条件要好一些了。他一见我就哭，我怕孩子过度悲伤，只能拼命抑制住自己眼眶中的泪水。

回到微生物研究室

1969 年的 5 月 16 日，我被通知释放回家。那天下午，我的孩子沈聿高兴地把我接回了家。当我走进家门时，父母、妻子和女儿都在倚门候望了。我好像是从一场噩梦中醒来，一时半刻有点反应不过来，不敢相信眼前的事实是真的。晚上吃饭的时候，我对盛华说：“以后你千万要提醒我，不要再问事了。粗茶淡饭，白首偕老，共度余年吧！”可树欲静而风不止，在那样的年代若是甘心随风而动做个风派人物倒也实惠，如果迎风而立，势必折而方休。我属于后者，因此只好吃苦头，吃不尽的苦头！

回家后不久，我病倒了。根据医生的诊断，我患的是肺结核，肺部右侧形成一结核球，结核菌已进入颈部淋巴结，病情严重，必须休息。我把医生给的请假单交给工宣队，工宣队同意我上午去零陵路微生物室报到听候分配，下午可以在家休息。随我工作多年的顾德安，知道我病得很重，她冒着危险，叫她姐姐家的老保姆送来一百元钱和一只鸡。钱我没有要，但鸡我收下了。

我到微生物室报到后，即被分在一个工作组。记得第一天我因为没有听从一位姓陈的指使将玻璃器皿和一些药品整理好，遭到了她的训斥，继之引发了全组对我的批判。那时，根据林彪的指示，每天早晨都有一小时的“天天读”时间，我便成为这“天天读”中“联系实际”的批斗对象。每天我要等大家全走后，才能离开实验室。一位从植生部门调来的女性，常常用刻薄和尖锐的言语来讥讽我、骂我。有一天她都已经离开实验室了，忽然又折回来，恨恨地对我说："我希望你永远得不到解放！"我的一位顶头上司常常会在没有人见到的场合，发泄她对我的愤恨。如路上遇着我，嘴里发出"哼、哼"的声音。有一天听完传达华国锋关于农业学大寨的报告后，她在小组会上愤怒地说："我真想不通，如果照华国锋同志的说法，什么'谁有技术就支持谁'，那么我们对沈善炯这个红头苍蝇的批斗是错了吗?""红头苍蝇"是"四清"期间给我取的一个非常恶毒的名字，意思是只要有利的地方，我都去。在"文革"期间，只要一提"红头苍蝇"，大家都知道是指我沈善炯。到现在还有人记得，真是遗臭万年啊！

虽然我在微生物研究室过着如此痛苦的日子，但我仍坚持着，我希望能保住我的共产党员的党籍。我的孩子们都说："爸爸，您一定要留在党内啊！"我知道，被清除出党和没有参加党不同，这意味着自己有反党或严重到不可救药的错误。其后果将直接影响我个人乃至我三个孩子的前途。

1970 年 7 月 21 日，植生所成立党委，组织党员学习班，吸取少数革命群众代表参加，我也被通知参加这个学习班。当时我很高兴，满以为有望恢复组织生活，可以不在"吐故纳新"中被吐出去了。这真是一点卑微的高兴啊！会议开到下午，微生物室的负责人要平时很少发言的人先发言，意思是要我先谈。我受宠若惊地站起来，把自己责备了一番，希望能得到与会者的同情，从而留在党内。哪知我刚说完，那人就正色说道："沈善炯是一个旧知识分子，是王仲良、舒文执行修正主义建党路线时入党的，是一个特殊党员。党内不能搞统一战线。在'文革'期间，因为有些人支持他，助长了他的翻案活动。对审查他的历史，他是不满的。像沈这样的人，不能留在党内。”接着支部书记宣布对我的处理为劝退，并要我表态。我说：“我是不合党员标准的，但我一直希望能留在党内，给我改造世界观的机会，成为一名合格的党员。但如果我留在党内会给党的事业和荣誉造成损失，那我服从党组织的任何处理。”一星期后，7 月 29 日支部书记又找我谈话，他说：“你的党籍问题尚未正式解决，要等上级审批。”又说：“你的历史已完全查清楚了，你在日本被捕时，狱中的表现是值得肯定的，是爱国的，而且你在解放后没有犯过政治性错误，在‘文革’中表现一般。这次对你的处理，劝退，是因为你不够党员的条件。”

我把劝退的消息带回家里，这对我全家是一个沉重的打击，他们十分失望和悲伤。盛华问我：“你为什么落得这个地步？为什么你的群众关系这样坏？你对不起三个孩子，你无论如何要努力争取再入党才是啊！”这些话使我心碎，我知道自己对不起他们，让他们为我吃了很多苦，可我错在哪里？我不服气。我回答她说：“殷先生对大家要算客气了，但不是和我一样受到批斗吗？主要是多做了些工作，多招收了几个学生，以后我不会再这样做了，只是现在觉悟已经晚了！”

1973 年初，由于黄维楠的同情和帮助，我终于离开了微生物室，到枫林路植生部门的生物固氮研究组工作。

我离开微生物研究室已 30 多年了。从开始研究抗生素的一个小组，发展到以研究微生物生理为主的上海微生物研究所，最后因为“自然灾害”而重新归并到植物生理所，其间虽经历了沧桑巨变，但这个研究单位在生物科学上还是有过贡献的，有些工作也为国际所公认。我至今仍在抱怨自己的是，我当时没有能听从我的朋友邹承鲁的意见，同意上级的指示，将微生物研究所归并到生化所。这对我一生为之奋斗的事业有着多么关键的影响啊！

我们否定“文革”，但也要注意到“文革”起了考验每个曾经经历过的人的作用。它是一面镜子，照出了害人者或是被害者的真面目。我作为一个被害者，应该想到为什么在“文革”中有那么多人，对我有意见甚至愤恨，这与我的性格作风有关系。我当时年轻，对人对事偏激固执，且不够公正，没能做到平易近人，冷静地听听别人的意见。但我一生没有仗势欺人，尤其是借政治之势而欺压别人，因为我平生最忌、最恨的就是以权势压人。有人说我在“文革”中不乱供乱招，不连累别人，这倒是事实，但我也说过违心话，把自己说成是为名为利不顾国家利益，走修正主义路线等唯利是图的小人，刻意丑化自己，以求得平安和生存。当然我不会招认自己是什么“特务”和“反革命分子”的。我也没有像有些人那样卑躬屈膝，向当时那些权倾朝野、助纣为虐的人歌功颂德。我的一些学生口口声声说我“不学无术和弄虚作假”，对此我也郑重考虑过，并曾请教过我已故的老师殷宏章先生。我承认“不学无术”，因为如果我“有学有术”，我也不至于弄得事业上没有突出成就。但在工作上我自忖并无弄虚作假的行为。回顾我一生所发表的60多篇论文中，确有一两项工作，未经周密分析和验证，就轻率下结论，这是错误的，也是令我一直感到后悔的。遗憾的倒是那些害人的人，特别是那些以创造发明来虐待人和处心积虑想置人于死地的人却很少听到有所忏悔。其实这些人也是“文革”中的受害者。回忆“文革”，最重要的是从中吸取经验教训，前事不忘，后事之师！历史的悲剧不能再重演了！

席间罗宗洛和木原均谈了不少话，他忽然号啕大哭，不可自已。

因为我受过旧社会的教育，留学美国，后来又去苏联工作，我把自己描述成集“封、资、修”大成的资产阶级知识分子，由于我骂自己骂得好，我的检查竟在中午吃饭的时间向全校广播。

10月2日晚上，我心情非常沉痛，觉得到处受人侮辱，不管怎么做，怎么说，都没有任何自尊。一个人飘零异域，分外凄凉，深感人生已无意义。这是我“文革”以来第二次萌生厌世的念头。

第 8 章

度过了风雨长夜

暴风骤雨呼啸而去，但神州大地依然阴雨绵绵，天空晦朦苍茫。在凄冷的街头，除了那些岿然不动的鲜红夺目的语录牌外，寂寞的行人不时左顾右盼，好像在寻找劫后余生的亲人和朋友，偶尔在不太引人注目的情况下，相互打个招呼，祝愿彼此无恙。

继续夹着尾巴做人

1973 年我离开了微生物研究室，调到枫林路植物生理研究所关于生物固氮的研究组工作。一道工作的人除了过去和我在微生物研究室共事过的宋鸿遇以外，其他人都是不熟悉的，日子要比过去好过一点。但是我还是谨慎小心，生怕说错话，做错事，得罪“革命群众”。我牢记自己曾经是全所大名鼎鼎的“反党反社会主义分子”，是被勒令以“劝退”的名义清除出中国共产党的。

其实，我的反动名声从 1964 年植生所“四清”运动以来就一直是蜚声院内外的。有一天中午回家，在中山医院附近的路上碰见一位华东师范大学生物系教师，此人“文革”之前常到金成忠家做客，所以与我很面熟，但我不知道他的姓名。他一见我就笑得合不拢嘴，弄得我很窘迫。“文革”以后，我又在路上碰到他，他才告诉我说，他在岳阳路 319 号墙上看到了关于我的许多大字报，里面揭露出我的许多“奇迹”，文笔之妙极尽挖苦之能事。所以一见我，就禁不住油然而笑了。

另外一次也是在我回家的路上，临近肇嘉浜路口时，遇到生理研究所的一个工作人员，他义愤填膺地指着我说：“哼！植生所的群众揭发你，过去凡是碰到你，一定要向你打招呼，不然你要发脾气，现在你还要人家招呼你吗？好大的架子！”面对这些事情，我只好忍气吞声。不过也有另外的情况，在生物固氮组里有一位叫陈薇的，平时性格豪爽，出言不合时宜，被人在背后议为“十三点”，却同情我的处境，有时竟当众对我说：“不要怕，道理总会弄清楚的。”在那个年代还敢说这种打抱不平的话是很不容易的，难怪大家说她有点不正常了。20 年后也就是这个陈薇，竟从异国来信，把我视为她当年在科学工作上的启蒙者，这分明是过誉之词。往事如烟，但记忆犹新，使我在沉痛回忆时仿佛觉得自己当年的处境在冥冥之中并非绝对孤独。

此时家里已搬进两户人家，先来的姓邱，结婚时搬来的，后来的姓王，是植生所造反派的头头。那时我的大女儿沈韦在北京大学物理系毕业后，被分配到陕西商县的一个初中教书，儿子沈丰到江西高安县农村插队，家中只剩父母、盛华、小女儿沈群和我五人。因为几次抄家，家中几乎所有的床、桌、椅等家具都被说成是公物让人给搬走了，真是家徒四壁，一家五口只好躺在地上。幸好沈聿临走时花 6 元钱为他爷爷买了一张竹榻，年老的父亲起初还不肯享受这一特殊待遇，我们劝他，说他老了，不能躺在地板上，不然身子不是躺不下去，就是躺下去爬不起来了，还是躺竹榻为好，最后他总算接受了。

我当时颈部开刀后伤口还没有完全愈合，肺部结核病灶仍未痊愈，身体非常虚弱。我的小女儿沈群用两个箱子和一块木板给我搭成一个小床，晚上睡觉翻身时，我有几次都掉了下来。盛华不久又到奉贤“五七干校”去了。虽然现在不会有人半夜破门而入进来抄家和斗争了，但全家仍是忧虑重重，不知将来结局如何。

1973 年，邓小平和许多被打倒的老干部复出，这些消息带给我一线希望。一天，我接到通知要我去党支部开会，三年前那位曾庄严宣布因为我不符合党员资格而劝我退党的人，现在又庄严地再次宣布恢复我的党籍，但按照党纪，要给我一个严重警告处分。处分我的理由我一直不清楚，我也不去问，后来听说是我在 1962 年的广州会议上坚持资产阶级立场，反对党的科研路线（指在制定遗传学规划中，我反对将所谓米丘林的遗传学列入国家规划）。面对这种突如其来的喜讯，我当然是高兴的，因为这意味着，我将不再是人民的敌人了，我的父母、妻子和儿女也将不再是反革命家属了，我全家的生存都有了保障。在那次支部会议上我说了不少感激的话，一些是痛斥自己的违心话。我也流了眼泪，但不是感激涕零，而是我内心按捺不住冤屈的反应：十多年来我多做了一些事，多说了一些分外的话，想来我是何苦啊！咎由自取，于人何尤哉，但自己受苦也罢了，还害得我全家如此悲凄。

上海市革命委员会有一个管科学、教育和卫生的组织，属工宣队领导，名叫工宣队第三办公室（后来简称为“三办”）。“三办”的主任叫杨序昭，副主任许言是“文革”前的科委副主任，是作为被“解放”了的老干部出任此职的。许言不过是个挂名干部，主要工作由杨序昭负责。对我们这批资产阶级知识分子，“三办”常要召集起来开会训话，无非是要我们牢牢记住，这次“文化大革命”是对我们的挽救，否则我们会堕落得不堪设想，沦为千古罪人。

被结合到“革命委员会”

1974 年秋，我们所从外面调来了一位自称老缪的干部任革委会委员。他对我说：“老沈，你升了。”原来我已被任命为所革委会副主任，罗宗洛、殷宏章也都被聘任为所革委会委员。所革委会主任是刘杰，其他两位副主任，一位是来自上海沪东造船厂的工宣队队长，一位是来自东海舰队的军宣队队长。实权都掌握在工、军宣队两位队长手里，刘杰只是看他们的脸色行事，而我则是代表科学家的。革委会天天开会，宣读中央文件，联系实际。工宣队那位姓李的队长，对知识分子意见最大，常常当场讽刺我、挖苦我，问我为什么要从微生物室调到植生部门来。有些人对所里提意见，总是把矛头指向我，因为这些人对我这个“反动到骨髓的人”居然做上革委会副主任心里总是不服。殷、罗两位从不来开会学习。有一次殷先生遇见我，对我说：“我看你脸色不好，情绪很坏，我知道你是在代表我们受气。”原上海分院党委书记王仲良，一位我所敬仰的老干部，在“文革”中吃足了苦头。他刚从“五七干校”回来，知道我被任命为植生所革委会副主任后，对我说：“不好当啊！还是做些实事吧！”我从心坎里感谢他们对我的关心和同情，但我又怎么能逃避这备受煎烤的处境呢？

1981年与殷宏章(右)和麻省理工学院教授林家翘(中)合影

这一年美国麻省理工学院的里奇（A. Rich）教授到上海来访问，在科学会堂做了一个关于酵母丙氨酸转移核糖核酸结构的报告。他是我在加州理工学院时的同学，知道我还在，希望能见到我。他的这个要求获得同意。我们见面时，他为我拍了一张照，说是回国后要寄给我的老师哈洛威士，表示我安然无恙。我和里奇在这种时期的相遇，使我昔日早已逝去的梦境又在脑海中重现。我想起我回国时那股想为祖国科学事业而献身的热忱以及我的老师和同情中国的朋友们对我的支持和鼓励，那一切又都好像就在眼前了。从南昌路回家的路上，我涕泣不止，沾湿了衣衫。

那一段时间政治气氛一直动荡不定，各种运动接踵而来，批林批孔，批宋江，批经验主义等等，我已经数不清了。每次在会议上传达的，除“最高指示”外，就是徐景贤、王秀珍等人的讲话。只要一联系实际，我就如坐针毡地等待着大家的批判。但久而久之，倒也习以为常了，毕竟坐在椅子上挨骂总比立在台上弯着九十度腰要好多了，何况这些人还叫我“老沈”甚至是“同志”呢！

批判专家路线时，我正奉命陪着一位法国的植物生理学家来植生所参观。他参观了当时称为“九二〇”的工作。“九二〇”[①] 其实就是赤霉素(giberelin)，但植生所的人大肆宣扬，说什么“九二〇”除了能促进植物生长外，还能使瘌痢头生头发。有句顺口溜：“九二〇用到哪里哪里灵。”来访的法国科学家要我告诉他这个灵丹妙药的结构，我请示了有关方面，回答是不能讲，所以也就只好搪塞过去了。参观光合作用研究组时，一位研究员大谈向贫下中农学习的重要性。因为受贫下中农的教育和启发，他们在研究光合磷酸化的工作中有了重大突破。但那位法国客人总是不解，连问贫下中农怎么会指导光合磷酸化研究呢？那位光合作用专家却越谈越起劲，连我都越听越糊涂了。我陪同这位法国科学家参观完毕，送他出大门时，看见大门口贴着一张大字报，上面写着：“革委会副主任为什么不去看大字报！”于是我径奔大会堂，一看，满屋子都是批判科研路线的大字报，而且很多都是针对我的。这些大字报和“文革”初期的大字报相比，在语气上并没有多大程度的不同。尽管不再在我的名字上打×，不再称我为反党反社会主义分子，但依旧称我为“红头苍蝇”。微生物室贴出了一张最醒目的大字报，说我想搞分子遗传研究，目的是想脱离毛主席革命路线建立“分子山头”。总之，所里的一些人，只要一有机会，就不会

①“九二〇”即赤霉素，一种植物生长激素。它能刺激植物生长，但也容易导致畸变。

放过我。

可能是因为我这个人在科研工作上有根深蒂固的资产阶级立场，为了要改造我，一有机会，革委会就要我去接受再教育。一天，一位姓杨的工宣队员带我到华东师大生物系去学习、取经，看人家是怎样选择科研题目，为劳动人民服务的。去了一天，听了一天的大报告和口号，临近下班时我才匆匆回到植生所。革委会的两位副主任立即急切地问我："学到点什么？有什么感想？"我不假思索地回答："华师大生物系在研究粮棉油农作物的增产，目标非常明确，就是：增产→稳产→增产又增产→增产、增产又稳产→……"大家听了很兴奋，于是召开革委会扩大会议进行讨论。不免又是一场对修正主义科研路线的批判，当然我又免不了遭一顿臭骂。最后会议在朗诵"群众是真正的英雄，而我们自己则往往是幼稚可笑的，不了解这一点，就不能得到起码的知识"的语录声中散去。

1974 年，世界著名的细胞遗传学家、日本的木原均（Kihara）教授到上海来访问，指名要见罗宗洛先生。木原均是罗宗洛留学日本时在北海道帝国大学时的同学，当时罗宗洛是学细胞遗传学的，后来才改学植物生理。1948 年我在加州理工学院当研究生时见过木原均，他是去访问比德尔教授的，记得他还特地问起罗宗洛和他在京都大学教书时的学生于景让。罗宗洛听到木原均来，非常高兴，说要宴请他，上海市"三办"同意了。在上海大厦吃午饭，邀金成忠和我作陪，植生所派了一位负责外事工作的革委会委员参加。木原均带了一个学生同来中国，一路上都由他的这个学生照顾他。席间罗宗洛和木原均谈了不少话，他忽然号啕大哭，不可自已。当时木原均的学生拿起照相机对着罗宗洛拍了一张照，这个举动非常引人注意，聪明的木原均立刻站起来说："我们在回忆当年同学时代的情况，他听到我们过去的一位老同学已在前年去世，所以感到伤心。"罗宗洛先生是一位正直、爱国的科学家。抗战胜利后，他曾任台湾大学第一任校长。1949 年他拒绝去台湾，将复兴中国科学的希望寄于中国共产党领导下的新中国，可是从 1952 年的知识分子思想改造起，历次运动他都被列为重点批判对象。“文革”中，他更是吃尽苦头。我经常怀念罗宗洛先生。在风雨如晦、黑云压城城欲摧的日子里，他仍能坚持一个科学家的气节，不说假话，不做违背良心的事，敢于直言，这样的人真是极其难得。

此时我女儿沈韦还在陕西山区教书。儿子沈聿虽已从农村转到昆明部队，但没有取得军籍，而原来他插队落户的江西高安县却派人来查他的下落。因为他是请病假回上海后，遇到昆明部队在上海招打篮球的“体育兵”才被录取入伍的。那时“体育兵”据说有很多都是逃避下乡“插队”才去的。我们为此一直焦急不安。小女儿沈群被分配在一家针织厂做工。纺织工人要“三班倒”，是很辛苦的。她常常晚饭后就睡觉，我们守在旁边，等到夜里 11 时前才叫醒她去上班，可怜她小小年纪每夜都在睡眼蒙眬中摸黑赶去工厂。我们不放心，常常在夜间走到厂房旁边，从窗户里看看女儿，看到她穿着纺织工人的衣帽不断来往于一排排纱锭之间。

父亲的身体已逐渐衰弱。严重支气管炎引发的肺气肿，令他稍一行动就气喘不止，因此他常常卧床。1975 年 1 月 31 日父亲病重，神志不清，大便失禁。幸而这时沈聿已从昆明赶回来探亲，服侍在旁，使父亲在弥留之际，心里有所慰藉。他顾盼左右，念念不忘的是他的孙儿和孙女。临终前他叮嘱我要忠诚待人，凡事要给人方便，做个好人。父亲去世后，我们全家都不敢戴黑纱，只把黑纱戴在罩衫内的衣服上，把悲伤埋在心坎里。从此，母亲的身体也急趋直下，心情一日比一日悲戚。她对我说，父亲生

1974 年与家人合影
左起：沈群、卢盛华、沈聿、沈善炯、沈韦

前曾对她说过，如果父亲先走，他会在那里等她的。言下之意他们盼望着在另一个世界能见面。

“五七干校”

1975 年 3 月，我奉命去奉贤上海市直属“五七干校”学习。临走时植生所革委会副主任，也即工宣队的李队长和一位管人事工作的工宣队队员对我说：“这是给你一个好机会去学习和锻炼，不要辜负党对你的培养。”

所谓“五七干校”是根据毛泽东 1966 年 5 月 7 日的指示而建立起来的，要求在校的知识分子和干部学农、学工还要学兵，其实是一个对在“文革”中没有紧跟“无产阶级司令部”而犯过错误的干部和资产阶级知识分子进行劳动教育的地方。

我在“五七干校”一共待了三个月，大部分时间都在学习列宁和毛泽东的著作，批判资产阶级。每星期有三分之二的时间干农活，如锄地、插秧和施肥等。其中有一个星期到附近农村去和贫下中农同吃、同住、同劳

1975年在位于奉贤的上海市五七干校
（前排右1沈善炯）

动，接受所谓再教育。原上海市市长曹荻秋也在这个“五七干校”学习，吃饭的时候和大家一起排队买饭。有人当面取笑他：“你这个反革命修正主义分子要劳动，捻捻草绳也好，创造财富，废物利用嘛！”旁边的人哄然大笑。我是所在的一班最为突出的资产阶级知识分子，毕业之前，检查了好几次才通过。因为我受过旧社会的教育，留学美国，后来又去苏联工作，我把自己描述成集“封、资、修”大成的资产阶级知识分子，由于我骂自己骂得好，我的检查竟在中午吃饭的时间向全校广播。还记得有一次一个加拿大的代表团访问这所“五七干校”，学校的领导要我当翻译，同时要我现身说法，说这里是知识分子的乐园，一切都是自觉自愿的，大家享受劳动的乐趣，学习劳动创造人类社会的意义。我一一照办，心中却暗暗好笑。我想，如果再说下去，那些外国佬也要来参加同吃、同住、同劳动呢！

离开干校回到上海植生所后，我发现又有了一个新号召：“开门办所就是好！”于是我接着就去浦东农村参加农民的科学种田，搞什么“九二〇”、“杀螟杆菌”和“抗生菌肥”① 之类我自己也弄不清楚的东西。白天和几个同伙在田间走走，同农民瞎吹一阵，日子倒也好过；晚上那个住在同室的老冯忽然心血来潮，大谈他的老婆如何泼辣，如何对他凶狠，要求大家想方设法帮助他。同屋的人建议他采用经济制裁措施，即要老冯领到工资后不交给她，但老冯听了不以为然，他说这个办法他已试过，不但没有成效，弄到后来反而要向她求饶。因为老冯虽经过了伟大的无产阶级“文化大革命”的锻炼，但还不能独立自主管理家务，很多事情还得依赖

---

① 一种从土壤中分离出来的放线菌，代号为“5406”，一度被认为具有帮助作物利用土壤中原本被固定起来的氮、磷元素的功能，“文革”期间曾被广泛施用。

他夫人，这样单方面的经济制裁会引发另一方面更强的技术反制裁，结果迫使老冯就范。老冯这个人是老实人，每天晚上大家总要把这件事来逗逗他，然后大家在阵阵大笑中入睡。这短短的三个星期，在以阶级斗争为纲、人人自危的紧张岁月中是一个愉快的插曲。我有时也忍不住笑几声，但无论如何总是有意识地控制自己，不去参与这类“游戏”。

在农村住了三个多星期，回到植生所，遇见原来的总支副书记唐敦静，她问我收获如何，我高声对她说：“开门办所就是好！”植生所是“开门办所”的首创者，永远“出经验出人才”。她的“光辉成就”后来发表在1976年6月的《植物学报》上，题为：《在开门办所科研道路上胜利前进》。

1976年3月中旬至4月4日，北京很多民众，据说还有从全国各地赶来的人，集中在天安门广场，悼念周恩来总理，支持邓小平出来执政，气势高涨，以致引起当局的干涉，接着就是“批邓”、抓反革命。上海抓了一个将黑旗挂到人民广场旗杆上的人。《人民日报》连日登载一些所谓反革命分子活动的照片，植生所革委会也加紧开会表示“愤慨”，而我却默默地想着那些报上揭露的“反革命”字句：“欲悲闹鬼叫，我哭豺狼笑；洒血祭雄杰，扬眉剑出鞘！”这不正是饱受政治磨难的中国人民求生存而反抗的声音吗？他们悼念周总理，也是悲悼自己，悲悼这多难的国家。我不时低着头偷偷地斜视周围的那些人，看看他们是不是在注意我，我害怕他们会觉察出我在想些什么。

一天清晨，我在院子里的大门口碰到了原上海昆虫所的所长杨平澜，他一脸气愤的样子朝着我说：“老沈，那些镇压天安门群众的刽子手，我看他们不会有好下场的！”好大胆的杨平澜，在紧张追捕反革命嫌疑犯的时期，竟敢对我说出这样的义愤之词，震惊之余，我心里又对他满怀敬佩之情。一年以后，当“四人帮”已经打倒，“文革”宣告结束时，我再遇杨平澜，谈起这件事，他对我说：“我当时并不是没有顾虑，只因为是你，我才发这样的牢骚的，我知道你跟我有同感，不会揭发我的。”早在1945年我就在四川北碚认识了杨平澜，那时他在中央研究院动物研究所工作。他是一位淡泊名利、讲正气的科学家，在我们院子里是我乐于与之交谈的一个同志。通过这件事，我更加喜欢接近他了。

赴英、法考察分子遗传学

1976年真是国家的多事之秋，也是中华民族面临的黎明前的黑暗和痛苦时期。7月28日唐山发生大地震，北京一带余震不绝。一天，我忽然接到通知，让我准备去英、法考察分子遗传学，说这是中国科学院院部下达的文件①。接着上海市革命委员会科技组即工宣队第三办公室，要我和生物化学研究所的冯某到外滩该组的办公室去。冯是生化所革委会委员，有名的造反派。我们到了那里，“三办”一位工人模样的人对我说：“你们这次出国一定要严守纪律，有事要和他（指冯）商量。”又说：“原定5月份你们就该出国的，因为我们上海方面有点意见，才拖到现在。”② 其

① 据中国科学院档案记载，1976年3月，中国科学院、外交部联名请示国务院，建议根据对等原则和我国接待人多派出人少的情况，向与中国科学院有科技人员互访口头协议的英国皇家学会和法国国家科研中心派遣分子生物学代表团，考察两国的遗传工程研究（特别指出包括固氮基因工程研究）。得到华国锋等人的批准后，科学院随即向北京、上海市革委会等单位发文件，要求各有关单位选派政治素质较好和业务熟悉、英语水平较好的科研人员参加考察组，并建议由上海植生所选派一位政治上较强，有一定的领导能力、业务水平和外事工作经验的同志作为组长。

② 访问之所以延期，主要是因为接待方之一英国皇家学会称他们5月、6月较忙不能接待，之后又放假。后经协商，将访英时间从5月延至9月。

实当时我对出国考察并不感兴趣，因为我母亲病得厉害，我实在不忍心离开她。而且自“文革”以来我早就洗心革面，不再想搞什么分子遗传了。但是上面的命令是不好抗拒的，我终于在8月底离开重病的母亲和家人，乘飞机去北京。

到了北京，从机场到市中心，沿路都是临时搭建起来的防地震的简易木板房或帐篷。我们凭介绍信住在中国科学院办公大楼附近的社会路上，据说原属于水利部的第七招待所。白天去外事局听报告并学习有关出国人员的守则。上面要求我们对外国人不卑不亢，要和当地使馆保持联系，重要事情要请示使馆。还说不能一个人独自外出，至少要有三个人同行等；当人家问起唐山地震时，可说死伤人数约七万人，要表明我们完全可以自救，不需要外援，有能力在短期内重建唐山。晚上我们从卧室里把席子抽出来铺在马路旁边睡觉，马路两边都睡满了人，很多是出差到北京的。半夜有时有雷雨，大家又匆匆忙忙逃回室内。我们这个代表团由北京遗传研究所、植物研究所、微生物研究所和上海生化所各一人，再加外事局的翻译周越群和我，共六人组成。我竟然能被派出国，而且还让我做团长，我自己也被搞迷糊了。

当时中国科学院真正当权的好像是一个姓柳的造反派，我已不记得他的确切姓名了。我们这个代表团是根据中国科学院与英国皇家学会、法国国家科研中心的双边协议中有关学术交流的规定而派出的。可到了北京后才知道我们的出国手续还没办好。我想到母亲的病，心里很着急。既然不能马上出国，我恨不得立刻回家去看看。我在生物学部办公室里找到过兴先，准备向他请个假，回家去看看。当时他是生物学部的副主任①，从他

① 过兴先当时为中国科学院一局负责人，该局主管生物学方面的工作。中国科学院生物学部自1967年被“砸烂”后，到1979年才恢复活动。

那里我才知道，我这次能出国访问而且担任团长，是他提出来的。这事上海方面极力反对，认为我当个团员已是很勉强，绝不能担任团长一职，但当时科学院的意见认为，只考虑政治不考虑业务是不妥当的。因此僵持了三个月，后来上海方面才不得不同意了。据说过兴先为了这件事还受到批评。现在老过极力劝我说：“既然已来北京，只能耐心等待，不要再提回上海的事吧！看来上面又在发生什么事了，你等吧！”后来外事局的人关照我们说：“来北京和大家一起参加抗震救灾，也是分内之事，有什么不好。”于是我只好等着。

9 月 7 日早晨，我们终于启程出国访问。在第七招待所和我同室的一位宁波第二医院到北京来出差的同志热忱地送我上车，外事局一位姓华的处长到机场送行。8 时 40 分登上波音 707 飞机离开北京，9 月 8 日上午经卡拉奇抵达巴黎，在巴黎戴高乐机场等候一小时左右即飞伦敦，上午 10 时 40 分抵达伦敦。英国皇家学会派人来接，将我们安置在白金汉宫（Buckingham Palace）路的一家小旅馆内。晚上即去中国驻英使馆报到，由使馆安排访问日程。大使馆派三等秘书戚德余陪同我们访问。戚德余是无锡人，毕业于南开大学物理系，据说在大使馆工作很努力，常与英国的学术界交往，与一些科学名流都有接触，所以他的介入对我们的访问很有利。我和他交谈几次后，觉得他书生气十足，是个忠厚人。后来我在英国度日如年的时候，幸而得到了戚德余的帮助和支持，否则情况会更加糟糕。

我们抵达伦敦的第二天，即 9 月 9 日早晨，忽然得到使馆的通知：毛主席去世了！中午英国皇家学会要宴请我们，使馆认为我们可依旧参加，但嘱咐我们与英国科学家谈起毛主席去世时要表情沉痛，而且要宣扬毛主席的伟大。

午宴上我遇见了过去认识的爱丁堡大学的波洛克（M. R. Pollock）、剑桥大学的科恩伯格（H. K. Kornberg）等人。许多皇家学会会员都是从外地赶来的，他们无非想看看来访的中国科学家的“风采”，想知道中国科学家在与外界隔绝的 20 多年中做了些什么工作。我置身其间，深感不安。我们在科学上太落后了，就我自己而言，多年没有工作，也不看书，连英语都讲不好了。吃饭的时候，宴会组织者特意把我们代表团的六个人安排成每人与一位英国科学家坐在一起，这样便于彼此交谈。不幸的是我们几位都干坐着，闷头只顾吃，不讲话，致使旁边的英国科学家无法与之交谈，他们只好隔着中国人伸长脖子与自己人谈，而且谈得很热闹。中国并非无人，而是有人不用，或用者非才。我真为自己的祖国感到难过。

9 月 10 日，正式开始参观访问，由皇家学会的德弗雷尔（J. J. Deverall）先生陪同去伦康（Runcorn），参观英国皇家化学公司（ICI）。我们只参观该公司的实验室，那里正计划进行胰岛素遗传工程的研究。中午，实验室主任琼斯（Jones）博士招待我们午餐。他拿着一份关于中国代表团的书面介绍，笑着对我说：“你是上海植物生理研究所革命委员会的副主任，那你是研究革命的呀！我们知道你曾在美国受过教育，是吗？”又说：“你们代表团成员的衣服都是一式的，是制服吗？你看我们这里就不同，各式各样，谁喜欢什么式样，就选择什么式样，我们喜欢多样性。”他还说：“你看坐在那一端的你们那位，说话时总是嘿嘿嘿，嘿嘿嘿的，这嘿嘿嘿是什么意思？”一连串的说笑讽刺，我真不知如何是好，只觉得不是滋味。我几次想反驳，可又立刻提醒自己，还是不说为好。因为和我一起来的几位，他们的政治水平和阶级斗争觉悟比我高，除非他们没有听懂，不然他们都不吭声，而我去说话，到头来他们认为我说错了，有碍于两国科学家的友谊，那责任可就大了。所以我只当眼前的事没发生，没有说什么。虽然无声，但我内心却激荡不已，深感我们国家受到了侮辱，我惭愧自己没有勇气起来进行反驳，因为这阻力不是来自对方，而是己方。

我们的参观日程排得满满的。事前我要知道去参观的单位的研究工作情况和有哪些科学家在那工作——其他人都不提问、不讲话，我这个团长总要顾全面子，提几个问题、说几句行话才行。参观回来后，我又要把当天的访问情况记下来，以备回国后汇报。所以我的确感到有些疲乏。晚上睡不着时就会想家，特别挂念老母的病。

可能是和我一同来自上海的那位冯某向我们团里的其他人透了什么话，这些人一直和我保持距离。出去参观伦敦市容时，他们把我抛得远远的。

波洛克很热忱地邀请我们访问爱丁堡大学分子生物学系。我在美国加州理工学院时曾听过他关于青霉素酶工作的学术报告，后来他到上海访问时曾参观过我的实验室。我们访问爱丁堡大学时，校长罗伯逊（H. Robeson）爵士设宴招待我们。我最怕这类宴会，除了我英语讲不好外，更怕说错话，回去又惹麻烦。因此我事先把讲稿写好，必要时还请教团里的外事局翻译周越群，征求他的意见。讲的无非是什么加强中英两国科学家间的交流呀，两国人民间的友谊呀，为全世界大多数人（而不是全人类，因为不少是非无产阶级）服务呀等一大套空话。其实这些大话、空话也都是在国内习惯了的。管它什么大话、空话，只要不说错，没有违反最高指示就行了。

剑桥大学分子生物学研究室是我们访英的主要对象。9 月 17 日我们从利物浦车站搭火车去剑桥。勃伦纳（S. Brenner）、佩鲁茨（M. F. Perutz）、桑格（F. Sanger）和格登（J. Gurden）[①] 等都接见了我们，克里克（F. Crick）因事外出，没能见面。经勃伦纳做一般介绍后，我们参观了他们的实验室。我的印象是，这里的风气和我们参观过的其他单位有所不同，他们非常重视生物科学前沿的一些探索性研究。勃伦纳的兴趣在以线虫和果蝇为材料研究发育遗传。此人聪明外露，显得有几分傲慢。中午研究室的全体科学家邀请我们一起午餐，大家谈得很热闹，当然主要是他们在谈。戚德余因为工作关系和某些科学家如佩鲁茨等认识，所以也参加闲谈。我们代表团的成员则像参加其他宴会一样，都只顾闷吃，或者偶然笑笑。勃伦纳是这个午餐的主角，他侃侃而谈，但一字不提科学，也不问我关于中国的科学工作状况。似乎他早已把我们看穿，知道我们在科学方面没有什么可谈的。

午后我们参观了当年沃森（J. D. Watson）[②] 和克里克工作过的实验室——一排非常简陋的、以油毛毡铺成屋顶的房屋，在那里他们做出了生物学上杰出的工作，建立了堪与物理学上爱因斯坦相对论齐名的 DNA 双螺旋学说。

我接到通知，要我于 9 月 20 日至 23 日在崴（Wye）参加英国第九次哈登（Harden）会议，这是一个地方性的生物化学会议，但有 15 个国家的科学家参加，会议的名称是“质粒重组子的分子生物学”。据说是由于

---

① 勃伦纳（1927—），生于南非的英国生物学家。因在“关于器官发育和程序性细胞死亡过程的基因调节”方面的发现，获得 2002 年度诺贝尔生理学或医学奖。佩鲁茨（1914—2002），英国蛋白质晶体学家。因在蛋白质晶体学方面的开创性成就，获得 1962 年诺贝尔化学奖。桑格（1918—），英国生物化学家。因为分离和测定一种蛋白质（胰岛素）的氨基酸结构、发明测定 DNA 中核苷酸和 RNA 中碱基顺序的方法，先后获得 1958 年、1980 年的诺贝尔化学奖。格登，英国生物学家。1967 年，他用核移植技术成功克隆了第一种脊椎动物——南非爪蛙。

② 沃森（1928—），美国生物学家。1953 年，他和克里克提出了 DNA 的双螺旋结构，因此获得 1962 年诺贝尔生理学或医学奖。

遗传工程研究在美国受到了阻碍和非议，所以大家借机到英国来讨论了。在会上我遇见美国斯坦福大学的伯格（P. Berg）和霍格纳思（D. Hognees）。霍格纳思是我当年在加州理工学院时的同学，他找我谈了很久，从他那里我得知我当年的老师哈洛威士和我的同学赫斯根斯等均平安无恙。他也询问我关于我回国后的工作和“文革”的情况，我一言难尽，只是说一切都好。

我们团里的其他5个人也都来参加这个会议，我们住在崴学院的学生宿舍里。每天上午开会，下午休息，晚上7时至9时继续开会和讨论。我除了听报告外，晚上喝咖啡时间，我都待在宿舍里，重温白天的记录。科恩伯格好几次来找我，要我出去和大家谈谈，我都谢绝了。我知道，一个人出去与外国人多接触是违反纪律的，肯定会引起团内诸人的怀疑。另一个原因是，虽然我已经开展了一些分子遗传学方面的工作，但对于近些年生物学的进展了解得还是非常不够，对他们在会议上的报告，明昧参半，也谈不出什么意见来，所以觉得还是不去为好。

1982年勃伦纳访问上海时，他到植生所来参观，一见我就提起当年我访问英国时的情景。他说：“沈，那年你带队去参观，我们很快就发觉你的处境不好，似乎受到监视。我们知道你是从加州理工学院毕业的，很想帮你，所以邀请你参加哈登会议，想趁此机会使你摆脱监视者，不料其他人也都来参加会议了。后来我请科恩伯格多次去宿舍找你，也是这个意思。如果你当时愿意申请政治避难，我们也会想办法的。”

他的一席话使我回忆起当时科恩伯格热忱来找我，要我和大家去谈话的情形，我这时才明白他们当年的用意。但即使当时就明白了，我也不可能脱团出走。除了我还有家人在国内之外，还一个更主要的原因，那就是爱国。当年我和同学罗时钧等回国时就是非常坚决的。我后来才知道，罗时钧的父亲曾经是江苏省国民党的主要负责人之一。尽管如此，他仍然要冒着巨大的风险回到大陆来。为什么呢？因为他是个真正的爱国科学家。尽管“文革”时的“国家”并不值得人爱，但在中国困难的时候，要我变节，我是绝不可能去做的。中国传统的东西对我影响很深。我相信，即使我遭受了岳飞那样的冤屈，历史也总会给我一个公道的。

哈登会议后，我们还访问了以研究生物固氮而著称的苏珊克斯（Sussex）大学。在参观苏珊克斯大学生物固氮研究中心时，接待我们的是肯尼迪（C. Kennedy）。她介绍了关于固氮基因的研究，临行时还送给我一个培养固氮细菌的厌氧装置。那天我集中精力听取了有关介绍，我想多知道一点知识，因为国内我们的实验室也在进行类似的工作。由于同时还要给国内同来的人当翻译，那天我非常疲劳。没想到在回伦敦的火车上，代表团中竟然有人无缘无故地对我说：“回到旅馆，我们要斗争你！”“要你把那只细菌培养箱放在头上，跪着！”还有人恶狠狠地两眼直瞪着我。我到现在还不明白为什么他们那天要那样对待我，我究竟犯了什么错误？

10 月 1 日，当我们去莱切斯特（Leicester）大学访问时，那些人越发给我难堪，不论在火车上还是走在路上都故意孤立我。我有时走得稍慢一点，就有人指责我：“不像一个团长，一点气派也没有！”在莱切斯特大学，生物化学系的肖（W. V. Shaw）教授接见了我们。他是美国人，到这里工作多年了。他告诉我，他们在大肠杆菌中发现葡萄糖分解成甲基乙二醛的工作后，才知我们在 1964 年已发表这个观察了。他兴致勃勃地拿出我们发表在《中国科学》上的那篇短文的拷贝，问起王孙仑以后的工作情况。我告诉他，王是我的学生，已在 5 年前去世。这次谈话令我的心情十分沉重，比我周围的人给我施加的压力更让我难受。我的研究工作、我的工作人员，好像都在 1960 年代初一去不复返了。

在英国的访问结束后，因为皇家学会的接待已经停止，我们只好搬到使馆的宿舍去住。这里门庭森严，住了不少十几岁的孩子。他们碰到我们从不和我们交谈，似乎纪律很严。但我发现其中有与我们出国时同乘一架飞机的一位姓章的人的女儿。后来出于好奇心，我问戚德余，他告诉我说，这些孩子是派到英国来学习的。国内还在开展知识青年“上山下乡”运动，而这些高干子弟却在这里落户了，我疑惑不解。

我终日埋头在宿舍的桌子边写访英日记以及准备向大使馆汇报的提纲，其他人却不声不响地都出去游览了，说是去看马克思的墓。在他们面前，我时时感到冷落，有人还在我面前攻击我的一位朋友，煞有介事地骂他只专不红，否定党对科学的领导，其实是指桑骂槐，真正骂的是我。

10 月 2 日晚上，我心情非常沉痛，觉得到处受人侮辱，不管怎么做，怎么说，都没有任何自尊。一个人飘零异域，分外凄凉，深感人生已无意义。这是我“文革”以来第二次萌生厌世的念头。可又一想，我素志未遂，且家有老母、妻子和儿女，怎能撒手不管，还得忍痛活下去。这天晚上我在日记上写下一笔，“我提醒自己，还有许多事情要做，不可轻生!”幸而这天晚上戚德余来了，和我住在一室，我忍不住内心的积郁，向他宣泄了一些情绪。老戚却诚挚地对我说：“你们这个代表团的组成，事前没有经过认真研究，如果没有你在许多场合顶住，那就真的要出洋相。”说实话，我也不知道我顶住了些什么，我只感觉我们没能展示祖国在科学上的成就，相反的却受到别人的鄙视。

10 月 3 日是我们在英国逗留的最后一天，上午这些人都出去逛街采购，我一个人留在使馆宿舍，仔细检查我写的英国访问总结，虽然我征求过其他人的意见，但我还是害怕错误。下午大家一起去大使馆汇报。褚代表、吴参赞都到了，我代表全团向他们汇报这次考察的收获和体会。所谓汇报无非还是那些空洞无物的陈词滥调。吴参赞听了，对我们的汇报本身没有什么意见，大概他听惯了这一套，但却正色地说："希望中国科学院以后派人出来考察，要注意挑选对专业有专长和能讲英语的人，不要挑选一些只带了一张嘴来的人。你们这次来英国考察，老沈费力很多，回去该好好地向有关方面报告一下。"这个突如其来的讲话令我十分尴尬，我想我们还有一半时间要一起待在国外，这些人今天听了吴参赞的话，以后不知又要怎样对待我了。当时我立刻说明，我是很不称职的，专业和英语都差，这次访问我依靠的是大家，特别是我们科学院外事局的周越群同志，他出了很大的力。

我要感谢戚德余在我们一行将离开英国时对我的关怀。他要我一到法国，就向来接我们的驻法使馆的秘书（作为团长，我有单独与他同坐一辆车的时机）提出要求，希望使馆派一位秘书参加代表团的出访。他还说他已就此事向驻巴黎的我国使馆打了电话，但我自己也必须表态。老戚的意见后来证实确实是帮了我的大忙，使我的法国之行比英国之行要轻松许多，尤其是在心理感觉上，我的压力减轻了不少。

10 月 4 日晨，我们离开伦敦飞往法国巴黎。英国皇家学会的普里高洛斯基（Prigorowsky）女士与德弗雷尔先生到机场送行。上午 10 时左右抵达巴黎机场，我驻法大使馆已派人在等候我们。在驶往巴黎市的车子里，我按照戚德余的建议，向坐在我身旁的使馆二等秘书汪嘉禾提出要求，希望使馆能派一位秘书参加我们的代表团赴各地访问，汪嘉禾表示没问题，使馆会同意。

当天我们住在巴黎凡新（Vancean）旅馆。下午由法国国家科研中心（CNRS）派车将我们送到 CNRS 办公大楼约里奥-居里（Joliot-Curie）厅，由负责科研事务的伯克洛夫（Berkalof）教授和巴斯德研究所的考列斯基

(Kourisky) 教授向我们介绍法国的科研组织情况，它们大致分为全国医药卫生研究、国家科研中心、全国农业研究、巴斯德研究所（半官方办的）、海外领域科研以及全国海洋开发研究中心等几个部门。而联系这些研究机构的组织是科技总代表处（DGRST）。伯克洛夫说："法国在分子生物学方面的研究是有基础的，你们在参观过程中将看到法国的人才，一支精锐的研究力量。"他为他的国家而自豪。法国人民的民族自尊心给我留下深刻的印象。

10 月 5 日起我们开始访问。先去离巴黎 25 英里（1 英里≈1.61 千米）的基夫-苏-约梯（Gif-sue-Yuette），国家科研中心在那里。我们访问了酶学研究室，室主任是苏尔玛杰脱（J. Szulmajter），他的前任是科恩(Cohen) 教授，主要研究酶蛋白的物理化学，还从事免疫、激素以及酵母代谢等工作，工作面较广。在讨论工作时，他对我说："我看你熟悉酶学，你不仅是一位遗传学家。"自"文革"以来，"革命群众"（其中包括我的那些学生和同事）一直在讥骂我为不学无术的流氓和骗子。多年之后我再次听到这样的评价，内心不免得到一丝安慰，觉得自己还是一个学者。但我立刻纠正自己，我必须承认，我确实落后于时代了。许多现代生物学的知识我已不了解，还是老老实实地夹着尾巴吧！

这样参观了两天后，10 月 7 日巴黎罢工。上午那些人都出去逛街了，我一个人留在旅馆里写日记。下午继续参观巴黎第七大学，在勃纳第(Bernardi) 的实验室里，我遇到一位来自瑞士的女科学家海因（Hein）博士，她是研究植物 RNA 病毒的，曾在美国洛克菲勒大学李普曼(Lipman) 实验室工作过。我第一次听到几乎所有的植物 RNA 病毒在 3′末端都接有氨基酸的事实，非常感兴趣。她不知怎的知道我于 1940 年代末期曾在加州理工学院学习，激动地说："在那个年代，在那个地方，生物科学发生变化，产生了分子生物学。你当时能在那里真是件幸福的事，你一定知道很多有趣的故事，可惜今天时间有限，不然我真想听听你的回忆。”最后她要了我在中国的地址，这时我也顾不得团里那些人的意见了，把我在上海的工作地址写给她。过了若干年，周廷冲访问法国时也遇到了海因，她还问起我为什么不给她回信，可是我已不记得曾经接到过她的信了。说实话，1950 年代我念完学位匆匆离开加州理工学院时，还没有注意和了解当时身边那些伟大的学者如比德尔、德尔布吕克和鲍林（L. Pauling）① 等对生物科学的进展所做的重要贡献以及他们为之奋斗的经过。我学的是生物化学遗传，但我的博士后工作选择的却是生物化学，这说明我确实没有看到这个新领域的意义。记得当时哈佛大学的戴维斯教授还特地找我谈话，要我懂得比德尔学说的真谛。然而我真正领会它，已是我回国后的 10 年。这说明我是多么的愚昧、无知和不用功。

我们参观了巴黎的发明宫（Palais De La Deeduverte）、罗浮宫（Palais De Jouvae）以及离巴黎约 25 英里的凡尔赛宫。游览时我们遇到一个从国内来的考察团，一律西服，面上均无表情。他乡遇故知嘛，不免要打个招呼，问他们是什么代表团？从中国什么地方来？但反应却是冷冰冰的，都说“不便奉告”。“文革”使得每一个中国人，不论是在国内还是在国外，都尽量避免与别人谈话或接触。祸从口出嘛！偶尔说错了一句话，或者漏掉了“最高指示”中的一个字，被人揭发，后果将是不堪想象的。我们民族相亲相爱的优良传统，同胞间的热情此时都已荡然无存了，悲夫！

10 月 11 日至 12 日我们参观了巴斯德研究所这个令人向往的地方。在那里我遇到了我在加州理工学院时认识的沃尔曼（E. Wollman）教授，那

① 鲍林（1901—1994），美国量子化学家。曾两次荣获诺贝尔奖（1954 年化学奖、1962 年和平奖）。

1976年访问法国巴斯德研究所时与该所副所长沃尔曼合影

时我在比德尔实验室里做研究生，而他在德尔布吕克实验室当访问学者。27年过去了，此时此地我们重逢，实在难得。他紧握我的手，还一起照了相。巴斯德研究所原所长莫诺不久前去世，人们敬仰他对科学的贡献，推举他的学生格罗斯（F. Gros）继任所长。莫诺和雅各布曾以大肠杆菌为材料研究基因的调节，提出乳糖操纵子（Lac Operon）的学说。这是建立基因表达模式的一般基础，由此他们获得了诺贝尔奖。

13日早晨，代表团中有人忽然拿出一张巴黎的日报（我不记得报纸的确切名称了），指着上面的一幅漫画来问我，要我解释给他们听。我学过一点法文，那还是在加州理工学院读学位的时候，现在已经差不多全忘了，但法文有些单词和英文相似，可以猜测其大概意思。我一看，大吃一惊，漫画上分明画着华国锋两手各拿一把扫帚，左手的扫帚将四个“上海帮”（Shanghai Clique）扫出去，而右手的扫帚正在将邓小平扫走。我想，他是有意来看我有什么反应的。我抑制住自己内心的惊讶，说：“我看不懂，你们去买张英文报看看吧！”这天我们继续参观 CNRS 的斯罗涅姆斯基（Slonimsky）实验室，但我心中一直惦记着报上看到的那张漫画，我暗暗希望张春桥那帮祸国殃民的人真的倒台了。晚上 9 时，使馆的汪嘉禾和张玉林特地来告诉我，“国内已经出事了，江青、张春桥、王洪文、姚文元已被抓起来了”。他们说，只通知我和外事局的翻译周越群，其他的人暂时不让他们知道。

当时我又惊又喜，立刻想起我的家人、我的孩子，现在曙光已露，他们将不知该怎样地兴奋啊！我出国之前，我儿子沈聿就常常夜里从小朋友家回来告诉我一些张春桥等出逃而被捕的传闻，这是处在水深火热中的人民的幻想，现在终于成了事实。想到中国即将重见光明，我的前途也将重获希望，我的心情变得轻松起来。当晚使馆的汪嘉禾陪同我们搭火车去马赛，次日早晨 8 时抵达。我们住在格兰德（Grande）旅馆，面临地中海，风景迷人。出国这么多天，我可是第一次有了欣赏异国风光的心情。汪嘉禾一定要把原订给他的 417 号房间让给我住，从这间房远眺可以饱览海湾景色。海上布满游艇，附近还有那个小说中的基度山。老汪对我说：“老沈，你辛苦了，还是你住在这里吧！”我接受了他的这番盛意。是夜我格外思念老母、盛华和孩子，辗转未能成眠。

在马赛参观了 CNRS 的细菌化学研究室及分子生物学研究室，由分子生物学研究室主任罗塞特（Rosset）教授介绍他关于细菌核糖体的工作。但从 1969 年开始，他们的工作逐渐转入以果蝇为材料研究发育和细胞分化等方面。后来罗塞特驾车送我登上海滨的一个山巅，俯瞰地中海，对面是阿尔及利亚。风景固然美丽，但我心头浮想的却一直是自己的祖国。

17日我们乘火车经里昂转车抵达斯特拉斯堡（Strasbourg），这是法德交界的一个古城。皮埃尔·查姆本（Pierre Chambon）和克里森（Qurisson）教授已在车站等候了。翌日晨9时我们步行去设在斯特拉斯堡医学院、属于CNRS的生物化学和分子生物学研究室。查姆本教授介绍他研究真核基因调控的工作。当时查姆本已发现真核基因的分裂现象。他坚持和忠实于自己的实践而不受外界的干扰，无疑是一位勇敢而诚实的科学家，令人敬仰。19日查姆本在莱茵河畔设午宴招待我们。在席间我得识研究植物病毒的赫斯（Hirth）教授，他刚从苏联访问回来，告诉我不少关于苏联分子生物学的研究概况。在短暂的访问期间，我和查姆本竟结下很好的友谊，回国后我将细胞生物学研究所的青年学者介绍给他，跟他学习。

至此我们在法国的访问已经结束，晚上乘车返回巴黎。在法国的16天，白天我都打起精神听法国科学家的介绍，有些我只懂得一点皮毛，有些我完全不懂。对于我感到有兴趣的工作，自知今后也不会去做。我一心只希望早些结束访问，看看“四人帮”倒台后的祖国，回家速与家人重聚。

10月21日早晨，我们离开巴黎，飞往罗马尼亚首都布加勒斯特，中途在南斯拉夫首都贝尔格莱德机场稍停。当我从机场的厕所走出来时，看到一位中国妇女，她好像在找人。她问我是否从巴黎来，叫什么名字。我回答她以后，她就自我介绍说是中国驻南斯拉夫使馆的工作人员，现在正陪同大使送一个朝鲜人民民主共和国的代表团回国，她要我去见大使。后来我见到当时中国驻南斯拉夫的张海峰大使，他对我说，在我们搭乘的飞机上有“四人帮”派出的教育代表团，原拟访问阿尔巴尼亚和罗马尼亚，现已访问了阿尔巴尼亚，不准备继续访问罗马尼亚了，而是要打道回国。

这个代表团里有"梁效"[①]的人、清华大学教改的负责人、辽宁的"白卷英雄"张铁生，还有上海驻同济大学工宣团的团长等人。这个代表团的团长是教育部姓刘的副部长，他们出国之前张春桥还亲自到首都机场去送行。他又说，国内发生的事，这些人可能已听到一些风声——不然怎么不按计划在罗马尼亚访问呢？但具体情况他们是不会知道的，到了布加勒斯特他们就会知道了。他要我在上机前设法告诉我们团里的人，请他们注意。后来我把张大使的话告诉了周越群，由他去转告。

当我们到达布加勒斯特机场时，四周都是荷枪实弹的军人，好像在准备逮捕罪犯一样，气氛紧张。当晚我们住大使馆的宿舍，那个教育代表团和我们住在同一幢楼里。晚上大家都挤在一间大房间里看电视，果然电视上播出了"四人帮"被捕的消息。我注意到这个"四人帮"派出的代表团的人，有些中途溜走了，有些却还和我在一起看电视，并没有感觉出什么异样。

在布加勒斯特的那一夜，和我同住一个房间的那两个人又像在英国时那样对付我，威胁我说："不要高兴，革委会副主任，逃得了吗?"他们不断地高声谈话，故意用力翻阅使馆为我们留下的报纸，令我一夜没有睡好。这正说明他们对国内发生的事情感到懊恼与不安。

翌日晨我们即飞北京，中途抵德黑兰时已是深夜，在机场稍停。那个教育代表团的人，一个个都变得忠厚老实了，分散开坐在各处。我看到了大名鼎鼎的张铁生，一个体格魁梧的"英雄"。这是坐在我旁边的一位旅客告诉我的。

24 日上午 10 时左右抵达北京，一出机场，这些所谓教育代表团的人

① 梁效，北京大学、清华大学"两校"的谐音，指直接受江青等人指挥的"北京大学清华大学大批判组"，在"文革"后期影响很大。

就都遭到了逮捕。我因为坐在前排和这些人在一起，所以杂在他们中间走下机舱，空中小姐把我推开，叫我慢点走，对来捕人的警察说“这个不是”，当时弄得我感觉很突然。这天正是北京全市举行庆祝粉碎“四人帮”大游行的日子。我们还是住到社会路的第七招待所，和我同住一室的是兰州近代物理研究所的一位党委书记，他显得非常高兴，从马路旁边的一个小店铺里买了一包羊头肉，一边喝酒，啃羊头肉，一边发牢骚大骂“四人帮”。我因为每天上午按规定要去科学院，下午回来写总结报告，所以几乎每晚都要写到半夜。这位同室的党委书记笑着对我说：“你还不接受经验教训，这样干下去是没有好下场的！”真是沉痛的经验之谈啊！我的确是个屡教不改的人，吃了那么多的苦，到头来还是认认真真，还是想多做些事，多搞些科学研究。

访问期间，有很多学术上的问题我明昧参半，有些当时我就没听懂，为了写好这个总结，我几乎每天都要去中关村科学院的图书馆找那些英、法科学家发表的论文作为参考，然后花很多时间去拼凑。

在北京时，我抽时间匆匆赶到人民大学附中看望了我那患肝硬化而趋腹水的胞妹三珠。我妹夫在鸣放时响应号召说了一些话，结果于 1958 年被划成右派，这个从小和我一起在苦难中长大的胞妹因此受到了株连。为了说明自己愿意彻底改造、和妹夫划清了界线，她几次下乡劳动，结果染上一身重病。今天看到“四人帮”被打倒，她显得非常高兴，还去学校的食堂买了一点菜请我吃饭，但想到母亲，我们又为她的健康而担忧。哪知这是我和我三妹的最后一次见面。不久，她就去世了。

一天上午，我在社会路忽然遇见邹承鲁和他的夫人李林。他们骑自行车迎面而来，说是知道我回来了，约我去他们家吃晚饭。晚上我乘车到百万庄，先找到地质研究所的力学研究室，然后找到了承鲁家（他们住在李四光先生的故宅)。风雨之后遇故知，分外兴奋，但我还是心事重重。饭后，我将我母病重，而一时无法回上海的事告诉了李林，她一听就为我打电话给科学院副秘书长秦力生，秦力生回话说，他曾看见我，但我并没有向他提起这件事，既然这样，他要我明晨到他办公室去找他，可以让我立即回上海。感谢李林的帮助，我如释重负，可以准备回上海了。回到七招，我高兴而又焦急地坐待天明。

第二天一早，我就去找秦力生，可是他还没有来，我着急地找到另一位负责人刘华清（后来曾任中央军委副主席），告诉他，因为母亲病重，我希望赶回上海，但出国考察的总结我还没写好。刘华清一听，便爽直地用一口湖北话对我说："那些人不懂业务，不能搞总结？那为什么要争着出国考察！老沈，你回去，让他们搞，他们必须搞出来！"我当时多么感谢他，一直到现在我还常记起刘华清同志对我的同情和帮助。

既然得到了上级的同意，我就去找代表团的那些人，告诉他们，我要赶回上海，至于总结，我决定在一周内写好，然后寄给他们。当时他们感到很突然，反应冷漠。我再也顾不上这些人的意见了，匆匆直奔火车站，买了一张去上海的卧铺票。

我母亲是个慈祥而忠厚的人，一个全村都公认的好人，她默默地做她的家务，一生只知道服侍别人，从不知道要别人服侍她。在"文革"的漫漫长夜中，她痛苦，但她沉默寡言地坚持着，等待着黎明的到来。她常安慰我说："不要急，船到桥头自会直，到哪里就到哪里吧！"因为长年累月的磨难，母亲早已重病在身了，她只是不说而已。我回家后，老母的病情已十分严重。她撑着精神等我回来，不久即去世。

1977 年 2 月，我来北京参加了由科学院召开的遗传工程座谈会，这个会议就是在我们访问英、法的基础上召开的。一到北京我仍怕见那些人。

当时科学院院长已由方毅担任，他看见我坐在最后一排，大声地叫我："沈善炯同志坐到前面来，怕什么！"我确实心有余悸，只盼望大家看不到我，忘记我的存在。听到方毅同志亲切的呼唤后，我慢慢站了起来，热泪盈眶，走到方毅同志旁边找一个空位子坐下了。我感觉到，我遇上了一位能了解我的好领导，10年冤情将有望弄清楚。我又可以抬头做人了。

1978年1月，我忽然接到通知，要我准备参加批判"四人帮"的侨务会议。不知怎的我也算是"归侨"。13日，我拿着准备好的、几经植生所党委审改的发言稿去开会了。我发言的题目是：揭发"四人帮"破坏侨务政策，残暴迫害从国外回来的科学工作者。记得中国科学院上海各所只有我一个"归侨"出席会议并做大会发言。当轮到我发言时我很谨慎，逐字逐句地往下念。但念到我受到迫害时，我再也忍不住了，我含着眼泪倾吐受折磨的情节。会后主持会议的王一平同志找我谈话，给我莫大的同情、慰藉和勉励。他问我，是否还有问题没有解决，我回答他，我已没有什么问题有待解决了。其实我当时还背有一个党内严重警告的处分。一星期后，王一平的秘书到植生所来找我，对我说，为什么没有将受到处分的事告诉王一平同志？但现在市委已决定取消对你的处分了。后来才知道上海市委将我受迫害的事情向中央侨委廖承志做了呈报。

1978年3月，全国科学大会在北京召开，科学被确定为生产力，科学家被列为工人阶级的一部分。我和与会的科学家，特别是和我一起在1950年代初回国的科学家为之振奋。盼望已久的科学的春天终于来到神州大地了。

感谢廖承志同志的厚意，他知道我在"文革"中的遭遇，在会议期间特地派人来邀请我去谈话。我商诸罗宗洛先生，鉴于廖公公务很忙，我没有去，最后由《人民画报》的记者为我拍了张照片送给他。

与罗宗洛(中)、殷宏章(左)摄于 1978 年 3 月全国科学大会期间

严寒已经过去，坚冰开始解冻，我拖着疲惫之躯，朝着曙光走去，走向那荒芜已久的科学园地，开始我的第二次耕耘。那时我已 61 岁了。因辛劳而得到的收获将医治我的创伤。祖国的富强是我奋斗的目标，遗憾的是，在我的盛年我没有能为我的祖国献出一份应有的力量。

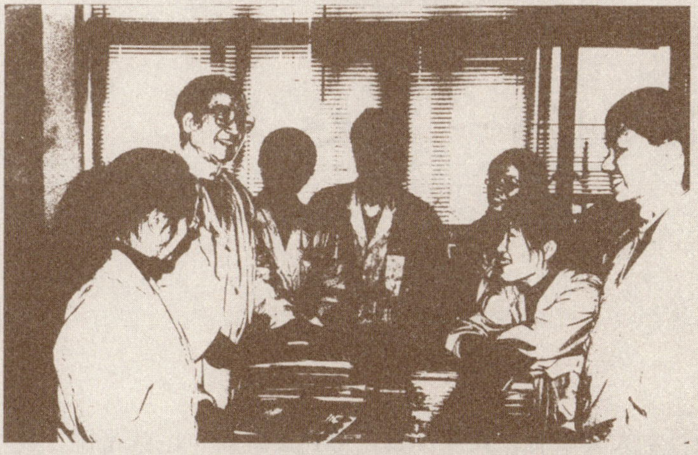

1977 年是我科学生涯中值得记住的一年。这篇论文不仅是我和我的同事们于"文革"后在我国发表的第一篇遗传学论文，而且我心里自傲地认为，这标志着遗传学在中国学术界的复苏。

我虽然还是照例招取研究生，可他们一来，我就发出警告：我和他们之间将没什么师生关系，只有利益关系。我给他们介绍我的知识，完成上面交给我的任务；他们拿他们的学位，享受他们应有的待遇。我这是在吸取"文革"中的教训。

第 9 章

回到第一志趣

全国科学大会以后，我才算真正得到了解放。也就是说，我不仅有了人身的自由，也拥有了学术思想上的自由，而后者是一个科学工作者从事科研所必需的条件。从此我又可以毫无顾忌地去开展我的研究工作了。其实从 1974 年开始，也就是"四人帮"还没倒台的时候，工宣队就找我，要我开展遗传学工作，我搞不清他们葫芦里卖的是什么药，在将信将疑的心理状态下，我只好偷偷地、左顾右盼地做点工作。说实话，当时我一方面的确是不愿再遭批斗之苦了，只想与家人平平安安地过日子，让他们少些担忧。可另一方面我又不是一个甘于苟且的人，甚至可以说，我是一个憎恨苟且偷生的人。不管在怎样的情况下，我都想在自己的专业领域里多做点事。我知道，只有在科学研究中，我才能获得真正的宁静。就这样，我又拾起了我的专业。但我该从哪里入手呢？遗传学在这 20 多年里发展得如此快，而我除了过去的一些基础知识，几乎和一个门外汉差不多，因此开始工作时真是困难重重，一切都要从零开始。那时我成天在图书馆里，找寻、阅读遗传学文献。当我看到加州大学瓦伦泰（R. C. Valentine）和他的学生研究生物固氮的文章时，深受启发，正是他的论文促使我决心从生物固氮遗传开始，去迎头赶上当代的遗传学研究。不难想象，我们当时的工作条件是多么的简陋——一个冰箱、几套培养皿和一些吸管就是我们的全部家当了。当然，最简陋的还是大家的遗传学观念和知识。刚开始时，我每天上午利用实验桌的桌面当黑板，向那些年轻人介绍遗传学的基本知识和研究方法。为了鼓舞士气，我也常常讲些我当年在加州理工学院读书时的老师，如比德尔、德尔布吕克在开创分子遗传学过程中的经历。对科学的强烈兴趣使我忘记了还未愈合的创伤和痛苦，忘记了我们当时所处的朝不保夕的日子。不知怎么回事，一个早已被批臭、不学无术、毫无学术尊严的我，竟然还能将这批年轻人吸引在自己周围。他们认真地听我讲解，跟着我做实验。由于大家的辛苦努力，在短短的三年里，我们就取得了一些有价值的成绩。我们证明固氮基因在我们用做典型材料的有固氮能力的肺炎克氏杆菌染色体上呈一簇排列，否定了国外科学家认为基因间有“静止区”存在的观点。记得我当时写好论文稿（英文稿），寄往《中国科学》编辑部时，特别写明要求他们尽快送人评审，如能接受发表的话，希望立刻发表。我们的论文“Genetic analysis of the nitrogen fixation system in *Klebsiella pneumoniae*”（《克氏肺炎杆菌固氮系统的遗传学分析》）终于在1977年发表了，国际上对我们这项工作的反应是十分热忱的，特别是当代研究固氮基因的权威学者，威斯康星大学的布里尔（Winston Brill）教授给予我们很高的评价。1977年是我科学生涯中值得记住的一年。这篇论文不仅是我和我的同事们于“文革”后在我国发表的第一篇遗传学论文，而且我心里自傲地认为，这标志着遗传学在中国学术界的复苏。

1979 年分子遗传研究室全体工作人员

赴美访问

1978 年 3 月，正在北京参加科学大会时，我接到了加州理工学院的来信，他们邀请我参加摩尔根创立生物学系 50 周年纪念会，同时要我在“基因、细胞和行为”的学术会议上做报告。同年 6 月，我又被选派为在美国威斯康星大学举行的国际固氮会议的中国代表团成员。团长是卢嘉

1978年6月参加国际固氮会议的
中国代表团成员(左2团长卢嘉锡)

锡，团员中有蔡启瑞等人。当时中美关系尚未正常化。我们到达华盛顿中国驻美联络处后，接见我们的是联络处主任韩叙。韩平易近人，毫无官架子，我们到时，他还帮我们搬行李，这给我留下了深刻的印象。当晚我就打电话给在加州的我的老师诺曼·哈洛威士。我告诉他，我将在 10 月再来美国参加纪念摩尔根建立生物系 50 周年的学术会议。这是我们师生间阔别 28 年后第一次听到彼此的声音。

在威斯康星大学举行的国际固氮会议是在 6 月 12 日开幕的，各国代表均在会上讲了话。会议主持人布里尔教授在欢迎中国代表团时，突然提到我们的工作，竟认为我们在 1977 年发表的第一篇文章是那年最好的论文之一。我面对这突如其来的赞誉，不知该如何是好，既激动又高兴。我

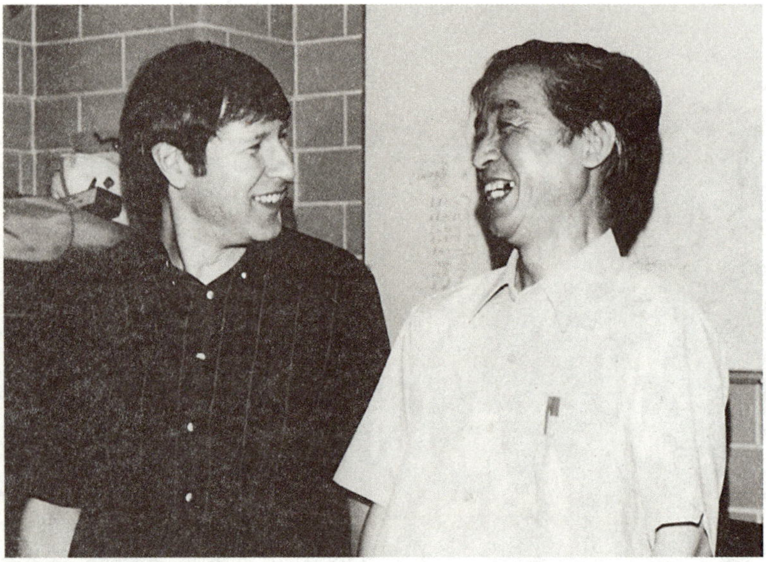
1981 年与布里尔摄于威斯康星大学

想到了我的国家以及我们国内与我一起艰难创业的同事们。

是年 10 月我再次起程赴美。我的心情是多么的激动高兴啊！我经历了多年磨难，终于又回到了我阔别 28 年的母校，又能见到我时常想念的师长和同学。我报告的题目是：细菌的固氮基因。做报告的校友都是当时世界第一流的科学家，还有诺贝尔奖获得者，如比德尔、德尔布吕克、杜尔贝科（R. Dulbecco）和特明①。我有自知之明，我的工作已经落后他们许多了，所以我在报告时，特别注意谦逊，我是带着向他们请教的态度来发言的。而校友们感兴趣的则是从一个遥远封闭的国度来的学者的声音，而不在乎他的工作水平。我的老师哈洛威士教授鉴于我几经沧桑终于还能

① 杜尔贝科（1914—），意大利裔美国病毒学家。特明（1934—1994），美国生化学家。因发现病毒在机体内的致癌机理，他们和巴尔的摩（D. Baltimore）一起分享 1975 年诺贝尔生理学或医学奖。

回到学术研究上来感到分外高兴。弗琳早已退休多年，可她还是驾车特意从北加州来参加这个会议。我知道她来此主要是为了看望我，参加一次有老师、她和我的重聚。像这样的重聚，人生难得几回啊！为了这次重聚，我们等了差不多30年，如今我们都已年迈了。我们这次见面，谈的都是30年前的琐碎往事和今后的打算。我没有提起我在“文革”中的遭遇，他们也不来问我。

在会议期间，老师哈洛威士建议我重返学校工作一年，他说学校将以高斯尼（Gosney）基金聘请我为访问研究员。加州理工学院是世界遗传学中心之一，如能返校工作一年对我是有帮助的，但当时我没有表示意见。1979年7月第十一届国际生物化学大会在加拿大多伦多举行，我作为中国

1978年在美国东部冷泉港时与诺贝尔奖得主麦克琳托克（B. McClintock）合影

代表团的成员参加这次会议。在会议期间，我遇见我在加州理工学院念书时的另一位老师，后来的诺贝尔奖得主、遗传学家刘易斯教授。他再次要我考虑访问加州理工学院的问题。我回答他，我必须征求国内的意见后才能做决定。会议结束后，中国代表团应纽约州立大学阿尔勃尼（Albany）分校金祖贻教授的邀请，访问该校。而我事前也得到水牛城洛斯威尔（Buffalo Roswell Park）研究院分子生物学系主任丕根教授的邀请，所以我决定顺道去水牛城。丕根是我留学时代的好朋友，30 年后重聚，大家都感到高兴。因为听到加州理工学院拟邀请我去访问，他建议我先在洛斯威尔研究院访问半年，然后去加州理工学院。他说，加州理工学院仍是当前生物科学的世界中心之一，工作紧张。现在我们年纪老了，应该有个适应过程。而水牛城就是先适应一下的地方，先学习一些在最近几年来发展的分子遗传学技术然后去加州较好。我同意他的看法，答应他回国后再决定。后来我告诉我们代表团团长王应睐。王应睐个人表示支持这个意见。回国后不久我接到丕根给我的正式邀请信，邀请我作为访问教授在洛斯威尔研究院分子生物学系工作半年。后来经植生所党委和殷宏章所长同意，我向科学院提交了出国访问申请。我于 1979 年 12 月 15 日离开北京，16 日绕道巴黎抵美国纽约，19 日到达水牛城。到机场来接我的除丕根外，还有我的好友王通裕和他的夫人——我在联大念书时的同班同学谢广美。洛斯威尔研究院院长墨菲（Gerald P. Murphy）博士隆重地接见我，说我是该院成立以来第一个来访的人民中国的学者。

我在洛斯威尔研究院主要研究基因的表达。我第一次用老鼠为材料做试验，观察性激素对基因表达的组织专一性现象。和我一起工作的有薛中天，还有广州的叶玉坤。我的同行和旧时的同学知道我已来美国，都写信给我或丕根，要我去做学术报告，因此我曾在康奈尔大学、哈佛大学医学

1978年10月应邀参加摩尔根建立生物系50周年学术会议
左上：与老师诺曼·哈洛威士，右上：与老师德尔布吕克
下：加州理工学院摩尔根建立生物系50周年晚宴

院、芝加哥大学以及威斯康星大学等处做了学术报告。我报告的内容局限于近几年来才开展的固氮基因研究。与其说是学术报告还不如说是一种宣传——告诉世人，在那荒芜已久的遗传学领域，中国已开始重建基础，着手工作了。

1980 年 8 月，我离开水牛城，丕根为我饯行。我以高斯尼访问研究员的身份去加州理工学院生物系工作，薛中天作为我的助手与我同行。在我美国的母校，昔日的老师和同学都知道我是为中国开展现代遗传学研究而来补课的，真有“笑我重来已白头”之感！在那里，我主要研究固氮基因的结构。那时 DNA 序列分析刚刚开始，我们把大多数时间都花在学习和分析一个叫固氮基因 J 的核苷酸序列上。最令我受益的是，在每天的咖啡或午餐时间，我有机会听一些有成就的科学家闲谈，那些“奇谈怪论”其

1980 年 8 月作为 Gosney 访问研究员在加州理工学院工作时留影

实是科学家面对现实的挑战。这使我重温加州理工学院的学风——坚持科学研究处于世界前沿（keep leading edge）。就像 30 多年前做研究生时一样，我得到了鼓励和勇气。我依然想学好本领，赶快回国，为祖国的科学尽一份力量。

1981 年 3 月，我应邀参加南加州中国工程师和科学家协会的年会，有幸接受了该协会第十九届科学成就奖。这是个由美籍华裔科学家和工程师组织的在全美有影响的协会，每年给有成就的科学家 2~3 人授奖。杨振宁、李政道、李卓皓等都接受过这个奖。钱学森先生亦曾被推选为获奖者，但钱先生并没有来美接受这个奖。这次和我一起受奖的还有查尔斯·高锟（Challes Kuen Kao），他是光学纤维通信的创始人。据会议组织者告

1981 年 3 月参加南加州中国工程师和科学家协会第十九届年会颁奖典礼
右起：沈善炯、高锟、陈香梅

诉我，我是第一个到此受奖的来自中国内地的中国人。推荐我的主要理由是，尽管在回国30年中经历数次政治运动，我仍在中国开拓了微生物生理和生化遗传的研究，而且有过成绩。当时冯德培先生正在加州大学洛杉矶分校访问，他亦应邀参加这次会议。关于参加受奖的事，事前我和冯先生讨论过几次，那时冯先生已是中国科学院副院长，他认为我应该接受这个奖。这样我才决定出席授奖典礼。接受奖状后，我做了约10分钟的答词。我感谢协会对我的奖励，提起许多和我一起工作过的同事，特别是已故的学生王孙仑。我说："我们经过了一个坎坷的道路，但现在严寒已经过去，春天在望，祖国的科学大地已大放光芒，需要我们耕耘，播种。我就要回去，为祖国的重建而努力。"我的发言获得与会者的热烈掌声。陈

1986年被美国波士顿生物医学研究所授予杰出访问科学家称号

香梅女士①站起来向我握手祝贺。

3 月末我离开加州，薛中天仍留在学校继续工作。由于纽约大学医学院微生物学系马斯（W. K. Maas）教授的热忱邀请，我到纽约在他的实验室访问两个月。马斯是我当年在加州理工学院的好朋友。我当研究生时，他是博士后研究员，我们都在哈洛威士教授指导下工作。在他的实验室我学习他们研究细菌毒素分子遗传学的一个技术，即 DNA 异源双线进行基因定位。6 月初我即回国。

工作受到重视和支持

由于我们的工作受到重视，固氮基因的研究开展得很顺利，我们和国外科学家的交流增加了。首先我要感谢布里尔教授对我们的帮助。自从 1978 年在威斯康星大学举行的那次国际固氮会议上与我结识后，他一直与我保持工作上的联系，帮助我们培养学生。不仅是我实验室派出的学生，而且还包括中国各地去的年轻学生，他都热情地接待和指导。他对我们所派出去的朱家璧印象特别好。家璧在他的悉心指导下，学到了很多分子遗传学方面的知识和技术，同时也在那里做出了贡献。布里尔在写给我的信中，称赞她的勤奋和智慧为“representative of China”（中国的代表），我看了很高兴。这让我想起她 1956 年到我们研究室工作时，我并没有注意到她的工作能力，有时甚至还有点轻视她。家璧是一个性格内向、好强的人，她由此对我不满，可又不说出来。到“四清”运动时，她曾借机发

① 陈香梅（1925—），著名社会活动家，“飞虎队”（即美国志愿飞行团）队长陈纳德将军的夫人，美国政府对中国政策的资深顾问。

1980 年在威斯康星大学与布里尔和朱家璧合影

泄了她心中的怨恨。现在科学又把我们师生间的友谊之桥重建起来了，我们摒弃前嫌，共同合作搞研究。在以后的工作中，她一直忘我地操劳，即使在结肠炎屡次复发的情况下，都不肯去按期检查，她一心想的是我们这个研究室的工作。由于她的努力和贡献，她曾获得人事部突出贡献中青年专家称号。

固氮基因的工作进展很快，在 1982 年的中美科学院关于生物固氮的双边会议上，被认为已接近世界水平。从此我多次应邀在国际固氮会议上做学术报告。我印象最深的是 1988 年在加拿大多伦多市举行的第十六届国际遗传学会议，在那次会议上，我被邀请做学术专题报告。不知怎么回事，会议组委会发出的邀请函被错送到日本去了。当我接到信时，信封上盖有“missent to Japan”（错送至日本）的字样，而且等我拿到信时，要求我回信的期限早已过了，于是我只好回信说我不去了。哪知这一年我去

1988 年第十六届国际遗传学会议期间遇到同学、英国剑桥大学教授弗尔庆(John Finchum)

墨西哥参加微生物-植物相互作用的分子遗传学国际会议时，巧遇到了那个会议的组委会主任魏尔玛（D. P. S. Verma），他坚持要我参加。于是我又匆匆赶往美国的波士顿，准备报告材料。记得我到达多伦多市时得知，第 16 届国际遗传学会议中做大会学术报告的，在与会中国科学家中只有我一人。我当时庆幸自己还能赶上开会，因为我想在这个会上，中国总需有人报告自己的研究工作。我报告的题目是：根瘤菌在发育过程中结瘤和固氮基因的顺序性表达。后来被刊登在《基因组》杂志上（*Genome*, 1989，31：354~360）。

与会者中有我过去的一个研究生熊跃①，他那时刚获得美国罗切斯特

① 熊跃，美国北卡罗来纳大学生物化学与生物物理系 William R. Kenan 讲座教授。1982 年毕业于复旦大学生物系，1989 年在美国罗彻斯特大学获分子生物学博士学位。

（Rochester）大学的博士学位。他为人爽直，一见到我劈头就问："沈老师，您要回答我两个问题。第一，我是不是您的学生？第二，您是不是在研究工作上不服气、不甘心落后于人？"我不假思索地答道："你是我的学生。我自知我的工作落后于时代，但确实不甘心，我要努力赶上去。"他一听这话，高兴得跳了起来，连连说："好！好！那我要请你去中国街吃饭。"熊跃问这个问题是有原因的，他的重点还是在第一个问题上。"文革"以后，我虽然还是照例招取研究生，可他们一来，我就发出警告：我和他们之间将没什么师生关系，只有利益关系。我给他们介绍我的知识，完成上面交给我的任务；他们拿他们的学位，享受他们应有的待遇。我这是在吸取"文革"中的教训。要知道，"文革"中整人整得最厉害的往往都是些自己最器重的学生，我实在是被整得寒了心，迫不得已才这样做，

1988 年在加拿大多伦多举行的第十六届国际遗传学会议上与熊跃合影

其实凭我自己的求学经历，我的恩师对我的培养和爱护，我怎么会愿意出此下策，这样去对待我的学生呢？

1981年中国科学院学部正式恢复工作，那时它不仅是全国科研工作的咨询机构，还是权力机构，负责全国科研重要项目和成果的审查与奖励，甚至科学院各所高研职称的评定都要经过学部常委会的讨论。所以工作相当繁忙，我几乎每隔三个月就要去北京开一次常委会。生物学部为了支持我们开展分子遗传学的研究工作，将一架我们工作急需的超速离心机拨给我们使用。这事曾引起了植生所一位研究人员的强烈不满，他认为这是我凭私人关系从上面弄来的，生物学部有偏心。我不愿意在"文革"后不久，大家的好日子还没过上两天，就要闹得心情不愉快，所以采取了息事宁人的态度，一面劝我们的工作人员使用时不要大模大样，避避风头，一面又照会植生所的其他各研究组，如果需要，也可以协商择时使用。大家谁不想工作条件好一点，能多做点事呢？只要是为了科学研究，我没有什么不能忍让的。不管是我个人，还是别人，甚至与我有怨恨的人，只要他们能做出成果，我都会很高兴。我愿意为他们做一些自己力所能及的事。在科学面前，不应涉及个人的恩怨。

随着工作的展开，我们与国外的联系增强了。我们派人出去进修或是学习，国外也派人到我们这里来工作。1982年美国哈佛大学的华裔学者区永祥（David Ow）给我来信，说他希望在完成博士论文后到我们研究室工作1~2年。我把这事在生物学部的常委会上提出来，当时生物学部主任是冯德培先生，他看了区永祥的学历和工作情况后，极力主张他来我们这里做博士后研究工作，而且学部愿意承担他在中国工作和生活的费用。冯先生的这个意见在常委会上得到了通过。哪知这件事却在植生所引起了争端。在一次学术委员会会议上，出现了反对意见，说我们花这么多钱，为什么不去邀请一个著名的科学家来，而让一个刚刚获得博士学位的人来工作。这些意见弄得我很为难。我深知区永祥的为人和学问，他在固氮基因研究方面做出过出色的成绩，他的到来对我们有利，因为我们目前还不是请著名科学家来“纸上谈兵”的时候，我们急需的是科学实践，以及建立起一个现代化实验室的基础。因此我最后只好将冯先生的意见以及生物学部委员会的决定告诉大家，即区永祥来此的一切经费都由学部负责，不花植生所一分钱，这场风波才总算平息下来。事实证明，区永祥在我们研究室的这一年起了重要的作用，他的工作成果发表以后，受到了国际上的广泛重视。

“文革”后，科学工作者刚医好满身疮痍，理应相互鼓励团结，迎头奋进，努力挣回损失的 10 年光阴才对。植生所分子遗传室的建立，本该是件好事，但是就有人认为遗传学与植物生理无关，还有人到生物学部去告状，说我和殷宏章操纵了植生所的业务方向。宏章师是一位学识渊博、富于创见的科学家，他几次让我在植物生理学会上做关于植物细胞器，特别是叶绿体的研究报告，旨在引起大家注意到分子遗传学的发展在生物学中的作用。

总之，遗传学研究在“文革”后已被逐渐重视，但植生所是否应该建立一个研究室作为重要项目来进行遗传学研究是有争议的。因为这个争议，直到 1984 年，植生所才决定成立植物分子遗传国家研究室。那时不少人争着要进这个研究室，包括不久前还在反对搞遗传学研究的人。我们没有加入这个研究室，我的朋友李竞雄和郑国锠等都来问我为什么不加入，我告诉他，“细菌不是植物”，我们搞的是“细菌分子遗传学”。我和我的同事并不因为没能参加这个国家重点研究室就在一旁嫉妒，说风凉话；相反，我们心里还是很高兴的，遗传学研究终于在植生所这个一直

"以阶级斗争为纲"的地方确立了，遗传学研究终于在中国重建起来了，这是我作为一个遗传学工作者多年以来的愿望。

前面我已经谈到当初我研究固氮基因，目的不在于生物固氮而在基因，至今我还是这样。应香港科技大学之邀，我将自己 1974 至 1995 年期间的工作写了一个概括的综述发表在该校出版的《在植物生物学中的发现》一书中（*Discoveries of Plant Biology* Vol. 3，2000）。这是一段工作的回顾，谈不上什么发现。它说出在那个时代我们开始遗传学研究的情况，既艰苦又愉快，每观察到一个现象，不论是证实还是否定前人的研究结果，我们都得到了启示和知识，犹似在茫茫沙漠中的行人发现了水源那么快乐。

其中有一个时期，具体地说是 1980 年代初，为了在国内开展更多的

与研究生在一起(2001 年)

遗传学工作，我们开始了大豆种子贮藏蛋白基因的研究。薛中天等做了不少工作，发表在国内外刊物上，这是我国植物分子遗传研究的最早或最早之一的报道。随着固氮基因工作的开展，近几年来朱家璧和俞冠翘深入研究基因的结构、表达和功能，涉及 DNA 与蛋白质，蛋白质与蛋白质间的相互作用，以及环境因子作为信号分子，通过传递诱发这些高分子间的相互作用而使基因表达或阻遏。这些工作在遗传学上有普遍意义，引起了我们的兴趣。一位从远方来求学的研究生，因为她年幼且有点像我的小外孙女，我叫她“小孩子”。她对工作产生了孩童般的乐趣。我为之高兴，真诚的科学工作者将离不开天真。

2004 年与薛中天合影

鉴于有些工作结果显示出潜在的应用价值，如提高细菌的固氮效率等，我们协同农业研究单位进行试验。后来确实得到一些有经济价值的成果。于是我们提出申请资助，如能得到资助，我们就可以开展基础性研究。因为我们真正的兴趣还是在遗传学，而不限于研究生物固氮。

目前我们的工作已不属于前沿性的课题，因此研究经费有限。我的同事和学生也已日趋年迈，但对工作的兴趣却有增无减。皓首穷经，我依然有信心。我坚持认为，科学有继承性，推陈可以出新，从文献中去找热门随着别人亦步亦趋地赶时尚不是科学精神。我喜欢朱自清先生的诗句："但得夕阳无限好，何须惆怅近黄昏"，有时几乎忘了自己的年纪。

2007 年与俞冠翘(左)、朱家璧(右)在厦门

到 80 多岁时，我常常想，我这一生有两个目的，一个是为了科学，一个是为了我们的国家。我书写自己的坎坷人生，目的是将一些历史真相展示出来，供民众和当局者思考。

第 10 章 答问录

在早年政治运动中的经历①

访谈时间：2004 年 3 月 30 日

访谈地点：上海市建国西路沈善炯家

熊卫民：我读过您的《我的科学生涯》一书，深感您是一位想讲真话、敢讲真话的科学家。能否请您围绕科学和政治的关系问题，再谈一谈自己的经历和反思？

沈善炯：到 80 多岁时，我常常想，我这一生有两个目的，一个是为了科学，一个是为了我们的国家。我书写自己的坎坷人生，目的是将一些

① 原载于华东师范大学中国当代史研究中心编：《中国当代史研究》。北京：九州出版社，2009 年，第 311~322 页。原题为《沈善炯院士访谈录——〈我的科学生涯〉补遗》，收入本书时有删节。

历史真相展示出来，供民众和当局者思考。可这本书在出版时遭遇许多障碍，虽然最终得以正式出版，但只印了 250 本。后来，我又写了一些文章，都还锁在抽屉之中。我与你虽然交往时间不长，但可谓倾盖如故。有什么问题你尽管问，我将知无不言。

熊：您从美国归来不久，国内即开展了一场主要针对知识分子的“思想改造”运动。请您介绍一下您在这场运动中的所见所闻，以及您对这场运动的看法。

沈：因为李森科主义的影响，我回来以后，不能再研究遗传学，我就去浙江大学当教师，讲授生物化学。到浙大后，很快即开始“思想改造”运动。1952 年初我到科学院后，又在实验生物所参加了“思想改造”运动。所以，高教系统和科学院系统的“思想改造”运动我都参加了。我自己受到的冲击不大，因为我没有宗派主义什么的。但我看到有许多科学家受到冲击，其中，植物生理研究室室主任罗宗洛被作为典型的“宗派主义者”加以批判。

熊：您出身于“地主”家庭，在“旧中国”工作过，还曾到“美帝”留学，人家不认为您具有封建主义、资本主义思想，不改造您吗？

沈：运动是有重点的，我没被列为批判的靶子。可能因为我有在日本蹲监狱、与美国相抗争的经历，我得到了科学院有关领导的特殊关照。当时科学院上海办事处的负责人李亚农很庇护我。

熊：“思想改造”运动是怎么进行的？

沈：人人过关。我上台去讲了两三次才过，有些人讲了多次都过不了关。

熊：您如何看待这个运动？

沈：离开日本的巢鸭监狱后，我和赵忠尧、罗时钧被送往国民党“中国驻日代表团”。该团的一位武官在释放我们回国时说：“既然你们一定要回大陆，我们也不勉强。但有一言相告，你们要准备好回去洗脑筋！我们和中共打了20多年的交道，受尽了欺骗，你们回去尝尝味道也好。”当时我们一笑置之。“思想改造”运动开始后，我马上想起了这句话。我在中央研究院等机构待过，那儿的确有宗派主义。凡是属于不同学校出身的，甚至不同老师教导的都成一派，以至那留洋回国的也成什么留日派、留美派等，彼此互相排斥。科学工作者之间不是在工作上竞争和合作，而是互相妒忌。我认为，那些旧社会所遗留下来的不良风气确实应该清洗掉，为了中国的科学事业，每个人都应该洗洗脑筋。

事情的另一方面是，“思想改造”运动被严重扩大化了——被批判的不仅仅是宗派主义，一些科学家的作风问题，例如在工作上对学生、同事严格要求也遭到了剧烈批判。所以我当时就怀疑，这样的政治运动是不是有必要？我努力说服自己：中国共产党执政很不容易，可能确实有理由开展这样的运动。我深信共产党能够领导全国人民建设国家，使它走向富强。

在“思想改造”运动期间还发生过一件事情。我到浙江大学教书，需要到派出所报户口，公安人员叫我填一张表。我填好递进去，他马上将其甩了出来，说：为什么不填你从哪里来的？于是我就填了。把表交上去之后我就回家。谁知道他在后面一直跟着。到我家后，他对我夫人卢盛华说：把你们的经历告诉我。我夫人就把我们的经历告诉了他。他说：你们有什么证据没有？我们就把西南联合大学的毕业证书给他看。他一看校长的印章就说：“张伯苓、蒋梦麟、梅贻琦，哦，战犯！”接着，他又讲了很多话。后来救星来了——我在浙大理学院的学生来看我，证明了我的身份。那个公安人员就拿着我的证书走掉了。我的大学毕业证书就这样没有了。

熊：派出所的人为什么要怀疑您？

沈：我也不清楚。我是从美国回来的，在他眼里，也许就有了特务嫌疑。

熊：“思想改造”运动之后，又开展了批判俞平伯、批判胡适的运动。

沈：我当时没太注意。那时候管中国科学院上海各单位的是王仲良，他尽量使科研少受政治运动的冲击。

熊：您与胡适先生是有过亲身接触的，对于专门批判他的运动，您有何看法？

沈：胡适先生是这一辈子我接触到的人里面印象最深的……（详见第三章，在此不予赘述）虽然与他只有几次短暂的接触，但他对我的身传与言教，却一直深深印在我心中。所以后来批判他时，我很不以为然。他的“大胆的假设，小心的求证”和别的伟大格言一样，虽然在某些具体情况下可能挑得出毛病，但本身却并没什么不对。他教育我们凡事要独立思考，要蔑视那些趋炎附势的风派人物，都很正确。所以，对他的批判是很没有道理的，中国太需要那样的人了。我从来没有批判过他，并且很佩服那些不批判他的人。

近一些年，国内媒体对胡适先生的态度有所转变。记得在《南方周末》上读过一篇关于他的文章。里面提到，他从美国回来，见到蒋介石后问：台湾的报纸有没有批评彭孟缉（时任台北市警备司令）的？没有。有没有批评蒋经国先生的？没有。有没有批评总统你的？没有。胡适说：没有批评意见，这就有了大问题。这篇文章我至今记忆犹新，使我愈加感受到了他的正直。

熊：批判胡适之后又是批判胡风的运动。

沈：批判胡风时我很危险……（详见附录3，在此不再赘述）。若不是学部成立大会延期，若不是王仲良竭力担保，后果将不堪设想。

熊：看到胡风挨批，您当时是什么感受？

沈：当时胡风去北京了，我对他挨批之事一无所知。

熊：当时的报纸不是连篇累牍地批判他么？

沈：我没看那些报纸，开批判会时我也是老是思想开小差。王仲良一讲，我才惊慌了，后来觉得真是运气。

熊：请谈谈您在"反右"运动中的经历。

沈：假如那时候我还在杭州，肯定会被打成右派。为什么呢？"思想改造"之后全国实行院系调整，浙江大学医学院被归并到浙江医学院。有一天，浙江省卫生厅厅长兼浙江医学院院长洪式闾特地租了一辆三轮车到我家，给我一张聘书，希望我仍能留在浙医任职。但我已决定去实验生物所工作。如果我留在浙大医学院任教，大鸣大放时，对前面提到的公安跟踪我、扣我毕业证书之事，我肯定会提出意见。所以，后来我的学生对我说："沈老师，如果那年你不离开浙江大学，百分之一百是右派分子。"

熊：相对于高等院校，中国科学院的情况要好一点。

沈：在张劲夫、王仲良等人的保护下，科学院划的右派相对较少。在我的印象里，上海地区自然科学方面的研究所似乎没有高研人员被打成右派。我最讨厌那些告密、落井下石的人。可在政治运动时，那样的人相当多。

熊：我读过一篇评价柯庆施的文章，说他对知识分子其实不错，理由之一为，在"反右派"运动时，他不同意把科学家划为右派，保护了那些科学家。

沈：柯庆施保护科学家？没那回事！黄鸣龙[①]等人都是王仲良在柯庆施面前据理力争保下的，这件事情我知道。柯庆施当时就批评王仲良“右倾”，后来基于这个原因把他调离了科学院。[②]

熊：请介绍一下上海分院大鸣大放时的情况。

沈：大鸣大放时，号召我们向党提意见。我很钦佩王仲良、李亚农等分院领导，对他们没有意见，不打算发言。我一个妹夫后来被定为右派，我对他说过：“共产党艰苦奋斗，争取新中国的成立，非常不容易，虽然存在一些缺点，但应当全面考虑。”那确实是我的心里话，我不想在公开场合去批评共产党。可有一些领导，如上海市科委的主任，老是鼓动我们发言，上海市还把高级知识分子召集到中苏友好大厦，专门召开了宣传工作会议以鼓励鸣放。在这个会上，一些人提了意见。比如邹承鲁说：科学研究干部的分配不能乱点鸳鸯谱，应该让导师可以自由选择学生，让学生可以自己决定专业选择导师。我记得他是第三个发言的。第一个发言的是赵仲宽，第二个是吴茵[③]，第四个是黄鸣龙，发言内容均登了报。结果吴茵被打成右派。若不是王仲良的保护，黄鸣龙、邹承鲁等也肯定会在劫难逃。

上海市宣传工作会议开了几天，那几天我一直跟承鲁坐在一起。我们俩广泛交流了意见，我完全同意他的观点。不知道为什么会有这个运气，承鲁发言的那天下午，我恰巧发烧，没有去。如果我在，他肯定会说：我

① 黄鸣龙（1898—1979），有机化学家。1924年获德国柏林大学博士学位，1955年被遴选为中国科学院学部委员。

② 当时的中国科学院上海办事处干部巴延年、桂世茂亦支持沈善炯的回忆，而不赞成邓伟志《如何评价柯庆施》一文（刊于《党史纵览》，2003年第9期）中的有关说法。见巴延年等：《政治风浪中的中国科学院上海分院》。刊载于《社会科学论坛》，2006年4月，上半月期：第84～99页。

③ 吴茵（1909—1991），著名电影演员，以善饰演“老太婆”而享誉影坛。

和老沈共同发言。那就糟糕了。

熊：大鸣大放时植物生理所内部发言踊跃吗？

沈：有一个叫林吉强的在大礼堂发了言，我去听了。植物生理所的某位高研说他以前在北京农学院工作时认识林吉强，在上海林曾试图发展他参加民盟，叫他不要接近共产党，说共产党员是唯唯诺诺的。这样一揭发，哪还有好的，林当然就成了右派。哎呀，对于这样的人，我……（摇头）

熊：那个年代鼓励告密、要求告密。朋友之间私下聊天，可能一扭头就被报告给了组织。

沈：本来不想发言，想方设法鼓动你发言，声称不发言就是犯错误，结果你在鼓动之下发了言，又来个“引蛇出洞”，治你的罪。对此我极不理解，很有意见。

熊：“反右派”运动打断了知识分子的脊梁，使人们不再敢讲真话，为“大跃进”运动扫清了道路。

沈：“大跃进”时，我也干了很多荒谬的事情。我记得先是由王仲良带我们到江苏等地去参观。

熊：我听邹承鲁先生谈过此事。您相信那些亩产万斤的“卫星”吗？

沈：不相信。当时我父母同我住在一起，他们绝对不信那些东西。我父亲还算过，几万斤的亩产，平摊到地里会堆多高，那怎么可能呢？尽管不信，我们还得向农民学习，也提一些大的课题，放科学“卫星”。不提过不了关啊！

熊：你们提了哪些宏大课题？

沈：殷（宏章）先生从德国的一个资料上看到，通过某种酵母，可以从稻草中提取油（将该酵母培养在稻草中，再从酵母中提取油）。我们就夸大其词，放了个“稻草变油”的“卫星”。真是笑死人了、羞死人了。

熊：那时候大家都提这类宏大目标。你们提的时候，想没想过其不利影响？

沈：没怎么想，当时关心的主要是自己怎么过关。

熊：有人批评那些豪言壮语了吗？

沈：罗宗洛先生说了。他在相当公开的场合声称，自己不相信粮食亩产万斤，结果很快即遭到全所开大会批判。他这个人骨头很硬，从“思想改造”运动起就一直遭批判，可还是敢说话。

熊：与“大跃进”运动接踵而来的是大饥荒——所谓“三年困难时期”。

沈：那时候真是非常困难。我的江苏吴江老家饿死了人，而我的家人因吃不饱饭，也出现了浮肿现象。记得那时候我到苏联去了，我母亲就在家旁边种了点豆子，贴补一下。

熊：您于 1959 年回国，随后的 1960 年、1961 年国家也极困难，您怎么过呢？

沈：因为营养不好，我患了严重的肝炎，经常住医院。那个时候，我家是这个院子里最清苦的三户人家之一。

熊：回国之后，您就主持新建的中国科学院上海微生物研究所的工作，听说你们那时候工作是十分勤奋的，常常深夜才归。

沈：主要受加州理工风气的影响，我养成了勤奋工作的习惯，一直认为科学家是没有什么业余时间的，而且，为了工作，我对家里的任何事都不过问。那时候我有几个好的学生，所做工作也发现了一些好的苗头，所以抓得很紧。那时候李亚农经常来看我。有一天，他对我说，有研究生到他那儿告状，说我要求得太严了。他一方面告诉我这件事，另一方面又要我别太在意。他还给我举了个例子。在新四军的时候，他常常工作得很晚，有人批评他煤油用得太多，他一度不高兴。后来他哥哥跟他讲，那只是小节，不要在意。我比较幸运，碰到的几个领导，李亚农啊、王仲良啊，都对我非常好，所以我对他们没什么意见可提。

熊：1962 年春天，您参加了广州会议。

沈：上海分院参加这个会议的还有曹天钦等人。会议对"大跃进"期间的许多现象提出了批评。当时对会议的说法是"白天出气、晚上看戏"。我印象最深的是陈毅副总理的报告，其中一些话我现在还背得出来。他说："建国 12 年来，你们和我们党共甘苦，说你们是资产阶级知识分子，是不应当的。我代表党中央、国务院向你们表示歉意……"听了他的话，许多知识分子激动得热泪盈眶。

后来，周总理在会上做了论知识分子问题的报告①。他说：知识分子首先要认识自己，譬如我吧，原籍绍兴，生在淮安，所以我是江浙人也。旧知识分子多数出身于剥削阶级家庭，并曾受过封建的和资本主义的教育，过去属于"资产阶级知识分子"范畴，附着在封建或资产阶级统治者的皮上，现在皮之不存，毛将焉附，变成梁上君子了！我当时坐在第三排，坐在我正前面的是傅作义。听到这些话后，他把手举了上去，大概太激动了，过了好长时间都放不下来。我们感受到，正、副总理的发言要点是不同的，周总理强调改造，陈毅则强调道歉。

广州会议开完之后，科学界的风气有很大的改变，不再有"大跃进"期间那些浮躁的东西，大家工作普遍很认真，所以，之后一段时间取得了一些在国际上享有盛誉的成果。

熊：可惜的是，广州会议之后没过多久，又开展了"四清"运动。

沈：我是整个中科院上海地区第一个被揪出来的！我于 1957 年 4 月

---

① 据广州会议《简报》，周恩来做《论知识分子问题》报告的时间为 1962 年 3 月 2 日；陈毅做"脱帽加冕"报告的时间为 1962 年 3 月 5 日。

入党，与微生物室党支部书记陈广澧关系一向很好，她经常找我聊天，我有什么想法，也经常跟她讲……（详见第六章）结果，在这个运动的初期，我的这些话被她抛给工作队，一道算总账。她还给我下了“反党”、“叛国”的结论。她的这个发言以及随之而来的批斗，使我的科学生涯遭受凶风恶浪，几乎吞没了我的科学事业，甚至我的生命。

熊：向支部书记反映自己的思想，这是组织原则所要求的嘛，怎么会反遭清算呢？

沈：有位老先生在看了我的回忆录后说：“老沈啊，你少年得志，风头太盛，所以遭人嫉恨。”我想，他的话是有道理的。自 1950 年回国以来，领导对我相当器重，而我则把精力全都投在科研上，呕心沥血地工作，也确实做出了一些成果，应当说，我的科学道路一直是相当顺畅的。突然遭此打击，真是有如晴天霹雳。因为精神受到强烈刺激，我的右眼黄斑区水肿严重，逐渐变得看不清东西。

对科学和教育的思考①

访谈时间：2004 年 4 月 1 日

访谈地点：上海市建国西路沈善炯家

加州理工的优良传统

熊：您经历过不同的时代，在多个不同的机构学习、工作过，哪个地

① 原载于《南方周末》。2009 年 4 月 15 日。原题为《“很多好的东西不容易移植到中国来”——沈善炯院士访谈》，报纸刊发时有删节。

方令您印象最为深刻？

沈：令我印象最深的还是西南联合大学。它是“民主堡垒”，风气非常好，既严肃又自由，同学之间、师生之间、老师和老师之间，关系非常融洽。大家都有以天下为己任的精神，觉得自己肩负抗战胜利后重新建设中国的使命。虽然条件简陋，但同学们学习非常刻苦。我的挚友申泮文常说，爱国主义出英才，我很赞同。

如果说西南联大教我怎么做人，那么加州理工则教我如何做科学。在那儿，竞争和合作是紧密联系在一起的，大家都在为真理而奋斗。我举个例子，众所周知的德尔布吕克在当时是反对比德尔“一个基因一个酶”学说的，可比德尔接替摩尔根担任加州理工学院生物系主任后，马上把他请了过来。比德尔还接纳了许多别的思想活跃的学者到他的实验室来工作，他们可大致分为三类，对比德尔的学说分别持支持、怀疑、反对态度。三种人在一起合作、辩论、竞争，其结果是丰富、改进了他的学说——后来就不叫“一个基因一个酶”了，而叫“一个基因一个多肽”。这让我体会到，科学研究必须有不同意见来竞争。在什么基础上竞争？在合作的基础上——大家都是为了探讨真理。

谈到这里，我不禁想起了我回国之后（不记得是“文革”前还是“文革”后了）遇到的一件事情。国外一个人到上海来做报告，我们的一位科学家问他：你有一个菌种，能否给我？他说：这个菌种，你们旁边的研究所已经有了嘛。这是最大的讽刺。一个菌种、一个实验的材料，国际通行的惯例是，文章发表后可以找作者去要。可我们国家的同行之间却不能互通有无。

后来发现，“一个基因一个多肽”的学说还有问题。要知道，没有一个学说是绝对正确的，发现理论、学说的不足之处，这是科学的进步。比德尔说过一句话："建立一个好的学说是不容易的，因为学说必然很讲逻辑，但是自然常不是这样，也即事实并非如此。"说完后他自己忘记了，我老师哈洛威士把它记下来了。我觉得这句话讲得好极了。

熊：德尔布吕克当时是专职做研究，还是兼当教师？

沈：他还给我们开课，记得我听过他的生物物理课。这个人思维特别活跃，经常与同事们激烈辩论，尤其是在上午的咖啡时间。除了周末外，每天上午 10 点都是咖啡时间，许多教授都到雅典娜俱乐部（Athenaeum）去喝咖啡，一边喝一边辩论。我不是有点营养不良嘛，有一天，比德尔太太跟我讲："你的奖学金太少，我介绍你去俱乐部冲咖啡吧，可以贴补一点生活费，多吃几块猪排。"我就去了。去了之后，我觉得很奇怪——教授之间争吵得那么厉害。

熊：您参与讨论吗？

沈：我只是听，来喝咖啡的教授来自不同的院系，他们讨论的问题我很难插上嘴。咖啡时间从 10 点开始，一般持续半小时，但也有些人会一直讨论到吃午饭的时候。很热烈，天天如此。而思想的火花，乃至真理就这么辩了出来。

熊：您在俱乐部工作了多长时间？

沈：我只干了一个月，后来就不去了，因为我发现那儿有种族歧视。端盘子的还有菲律宾人，菲律宾当时是美国的殖民地，那些人在美国是受歧视的，而他们又歧视我这个从中国去的学生。我平常是很节省的，在西南联大时那么困难也能过下去，所以并不觉得加州理工学院给的奖学金不够用，加之功课很紧，就离开了那儿回去专心学习。

熊：那个时候，加州理工学院生物系的研究设备好不好，研究经费充不充足？

沈：研究设备很好，经费也多。当时美国国防部、农业部等部门给生物系拨了一笔经费，要求他们从事国防、工业、农业方面的应用研究。拿到那些钱后，比德尔从中分一部分出来做基础研究。等基础研究拿出了成绩，再申请后续经费就不成问题了。

熊：当时加州理工学院生物系的学生多不多？

沈：不多，本科生、研究生数量都不多。整个加州理工都没有太多的人，研究生相对宽松一些，本科尤其严格，出名地难考。我在那里做研究生时，我老师哈洛威士只带了两个研究生。他们不留自己的学生，我的那个同学后来做了芝加哥大学生物物理系主任。而现在我们国家有的导师，一次带很多研究生，连学生的名字都叫不出来，真是开玩笑！

1996 年 5 月加州理工学院校长埃弗哈特(T. Everhart)给沈善炯授予杰出校友奖

熊：加州理工学院历史并不悠久，我以前一直奇怪，它为什么能够在很短的时间内即跃入世界上最优秀的大学行列，现在听了您的介绍，有些明白了：它聘到了很好的校长（密立根），请到了不少杰出的学科带头人（如摩尔根、鲍林、德尔布吕克、比德尔），研究经费充足，文化氛围很好……我们国家正在实施“985工程”，可如果只投一点钱，而没有其他配套的制度和文化，要到什么时候才能真正建成哪怕一所世界一流的大学呢？

沈：很多好的东西不容易移植到中国来。我接受了加州理工的文化，很想将它移植到自己主持的小空间来，可很多事情一到中国就不好弄。到科学院后，我先做微生物室主任，后来又做上海微生物所的副所长，因正所长缺，也是实际的负责人。他们跟我说，你还年轻，重要的事情去请示殷（宏章）先生和生化所所长王应睐。我想从外面多引进一些人才。殷先生也是加州理工毕业的，他跟我说，你还是培养自己的学生吧，像北京的微生物所，几个队伍拼起来，搞得不和谐。后来有一位先生从美国回来了，我想留他，请示殷先生，殷先生不同意。我说他蛮好的，又和我是西南联大时的同学（他比我高一年级），一再坚持。结果留下来之后，真如殷先生所说，弄得大家不团结、很不愉快。在“文革”的时候他更是对我落井下石。这种事情我不愿意多谈，太没意思。

我培养学生，总是鼓励他们跟所研究的领域的专家广泛地讨论问题；我告诉他们，聪明的学生应当找更多的老师——开明的老师应当鼓励自己的学生去多请教其他有关的科学家。这个传统也来自加州理工。所以，我的很多学生，同时也是邹承鲁的学生。可是有的人，当他的学生到我这里来讨论问题，他就不高兴。

熊：在喜欢做研究的同时，您是不是也比较喜欢教学？

沈：是的。我平常很喜欢与学生聊天、交流思想。加州理工学院是很重视教学的，只研究工作好，不会教书也不行，我很赞成那样。一直到现在我仍认为，科学和教育不要分家。美国并没有作为实体的科学院，只是集中一些仪器设备，在一些主要的专业设立国家实验室，他们主要的基础研究都在高等院校进行。教学相长，学生应当是科研的主要生力军。有好多基础研究，不要完全集中在科学院。什么道理呢？首先，学生这个群体特别好奇，富有创新、勇敢的精神，是最新思想的源地。其次，学生是最好的裁判。每个人都是需要压力的，如果是在科学院做事，你发表几篇文章就可以了；在学校教书，如果你不努力就会遭到学生对你的非议。

因为喜欢教学，回国之后，我去大学教书。我不主张“近亲繁殖”，选择的不是北大或南开，而是浙江大学。到上海后，我又去复旦大学生物系兼课。别的一些学校和研究机构，如华东理工学院也曾送研究生到我这

2008 年 5 月 10 日沈善炯获得中国科学院研究生院杰出贡献教师奖，图为奖章

儿来做论文。

我写过一篇文章——《我教学生，学生教我》。年轻学生往往能带来蓬勃的朝气，他们都聪明得很，会通过问题对你挑战，而且会迫使你掌握更多知识。前两年我去杭州，有学生问："先生，您还记得当初是怎么教我们的吗?"我还记得。我上课时完全按照美国的方法，考试时也是发完卷子就走了，如果学生作弊，他会被人看不起，会失去朋友的。有一个女生在考完后找到我，说："先生，我对不起你，我翻书了。"我为这种勇于承认错误的学生感到骄傲，对她说："你有这个表现很好，我给你60分。"改革开放后，有一段时间我帮上海交通大学建立生物系，还曾想把我的实验室搬过去，但没能得到科学院的同意。

回国的动力

熊：在美国时，您就知道了李森科在中国的影响?

沈：李森科在苏联得势，并残酷迫害真正的遗传学家，这是政治干预科学的大丑闻，我知道得很早。至于他在中国的影响，我到快离开美国时才知道。我们每星期有个周会，有个学者在我们的周会上报告了李森科在中国的影响，介绍了李景均（此人确实很有成就）从中国内地出走的事。我还读过一本期刊［《遗传学杂志》（*the Journal of Heredity*）XX卷4期］，上面刊载了李景均给朋友的信，题目即为"遗传学在中国的死亡"。所以，我很清楚，一旦我回国，将不再能从事遗传学研究。

熊：那您为什么还要克服那么大的困难回来?

沈：我的专业是生物化学遗传，我想，没关系，回国之后，至少我还可以做生物化学研究工作。

熊：这还算不上回国的动力。是不是当时对家庭因素考虑比较多?

沈：家庭问题能够解决。我的副修导师栽克密艾斯脱特别关心我，听说我打算回国，有一天特意和夫人一道来找我，劝我别回，说毕业后我可以到他的实验室工作。他还说，只要我设法让夫人、孩子到香港，他就肯定可以接她们到美国来与我团聚，后面的事情可一切都由他来办。

我想，我之所以要回国，主要还是因为爱国之心。自小我就钦佩岳飞的精忠报国精神，很想以他为榜样，为受尽屈辱的国家做点事情。我出身农家，家境贫寒，能受高等教育，靠的完全是民众的脂膏，他们在殷切地期盼我回去。我的耳中常常想起两句话。一句是我的恩师（指张景钺）讲的。临出国前，他对我说："我等待你，望你学成归来。"另一句是家乡的农民讲的。抗战胜利后，我回到农村去，他们对我说："泉官啊，一看到飞机经过，我们就想，你一定会坐着飞机回来。"饮水思源，我必须对培养我的人有所回报。

熊：如果您留在美国，机会还是挺好的。

沈：我知道，如果回国，受条件所限，在科学上我可能较难做出大的贡献；而如果留下来，我应当可以在科学上做出较多的成果——我的老师和同学都有得诺贝尔奖的，我向来好强，在那里念书时可并不比其他同学逊色。但是，论起对中国的贡献，那跟回到自己的国土去建立实验室、培养学生，使科学在自己的国土开花、结果，还是不能相比的。主要出于这层考虑，我们12个在加州理工学院留学的同学（不同年级、不同系，都先后拿到了博士学位），除1个之外，都先后回来了。那个没有回来的（冯元桢），后来留在学校，工作做得很好。

熊：当时您对美国的感觉如何？

沈：我对美国社会的印象不太好。虽然老师、同学对我很好，但种族歧视现象在美国还是很明显的。前面我已经说过，在咖啡间端盘子时，我遭到过歧视。后来因为学习过于刻苦，身体瘦弱的我一度患了肺结核。为免传染给他人，我决定到学校外面去单独租房子住。街上有不少“房子出租”的广告，但一去，房东知道你是中国人，对不起，他不出租。这也是明显的种族歧视，令我感觉很不舒服。我把此事报告给了学校，学校马上来查。一查，那些房东们就怕了。所以后来我顺利租到了房，而且房东还特别优待我——她害怕招待不周会摊上种族歧视的官司。要知道，美国的宪法是管用的，而种族歧视是违背美国宪法的。美国确实有不少毛病，不过它的好处是，能对被指出来的毛病设法加以改正。

熊：我曾读过一篇文章，谈及1950年代初，曾有同学动员李政道回大陆，李政道不同意，他说：我不想被洗脑筋。我想，他那个时候不回来，大概有“道不行，乘槎浮于海”之类原因。他留在美国，果然取得了非常重大的成果，到1970年代再回来访问时，因为崇高的学术地位，反而做成了很多事，为国家做出了比当年的多数同学更大的贡献。

沈：那个时代中国的最大问题是没有行宪。法律是政府管人民的，宪法是人民管政府的。人民管不了政府，政府当然就容易腐败，容易做蠢事。

熊：您在加州理工的同学鲍文奎回国之后，研究工作受到很大的行政干扰，① 您有没有遇到过类似的问题？

沈：我直到1974年才回到遗传学领域来。此前我主要做抗生素、微生物学、生物化学方面的研究，因此，没有受到干扰。为避免干扰，在青岛遗传学会议上，我并没有就捍卫遗传学而发言，这使得摩尔根派的一些遗传学家对我有看法。但在广州会议之后，谈家桢曾经这样评价我：“老

① 1953年，禁止鲍文奎用秋水仙素进行人工多倍体诱变研究，1954年，将他播下的多倍体实验材料全部铲除。见谈家桢、赵功民：《中国遗传学史》。上海：科技教育出版社，2002年，第1 049~1 063页。

沈，挂了一个微生物的牌子，暗中在研究遗传学。”在那次会议，以及随后的制定十年规划的会议中，我曾经明确反对把米派的所谓遗传学列入规划。中国第一个站出来反对李森科的人是胡先骕先生。在广州会议后，反对李森科的东西的人就比较多了。

熊：1950 年代有人逼着您对李森科那套东西表态吗？

沈：没有。当时一般人不知道我是学遗传的。到 1974 年时，工宣队突然叫我搞遗传学。我想来想去，最后选择了做生物固氮基因研究。这样能服从当时政府的号召：理论要联系实际。

创新之道

熊：1950 年代，像您这样从海外留学归来的有两千多人，大家热情澎湃，特别想献出自己的才能，建设自己的国家，可为什么多数都未能取得突出成果，以至于到年老时遗憾自己壮志未酬呢？

沈：新中国成立之后，我们有很多时间被浪费掉了。我一直在讲，创新就是争时间。你不去做也行，人家会去做。如果你浪费时间，创新就不用谈了。20 世纪五六十年代，我有几个好学生，已经开始了一些很好的实验，可是因为“大跃进”、“四清”、“文革”等运动，那些工作停止了。很可惜，好多工作都不能做了。等到我们后来能够做工作的时候，可又年事已高，没多少时间了。哎呀，现在想起来我都非常难过。

熊：时间当然是一个原因。除这之外，是不是还有别的原因呢？改革开放都已经进行 20 多年了，在我们国内依然没有做出特别优秀的成果。我在著名科学史家董光璧研究员 2002 年出版的一本书中读到过他的一个结论：“中国目前还少有开拓新领域和划时代性的研究工作。人口约占世界五分之一的中国对世界科学的贡献率还只是万分之几。”

沈：我们在科学上做的贡献不够多，科学家自己的原因当然要考虑，但也有科学管理上的原因。说个笑话：国外的公务员叫 officer，意思是在办公室做事的人。我们中国的公务员，过去叫“官”，来自“管”；现在不叫官了，叫领导，领导人家走。个人做错一件事关系不大，但如果领导错了，那就非常糟糕。而我们的领导是怎么领导的呢？

熊：科学方面，在整个毛泽东时代，我们倡导的都是计划研究，而反对自由研究。

沈：计划有其道理。一些急需的项目，国家确实要开展，比如我，因为李森科主义肆虐的关系，在 1950 年代改行搞抗生素，我觉得这方面的工作确实有必要。事情的另一方面是，不能排斥自由研究。不能动不动就去批判别人，中断他们选择的研究。科学上自由思想、独立思考的精神建立不起来，这是致命的。不时听到人说，现在某项得到诺贝尔奖的工作他们过去也曾做过，但因为种种原因没有继续，结果与诺贝尔奖擦肩而过。在我看来，重要的不是与诺贝尔奖有多近，而是为什么会擦肩而过？很多时候是因为自己不够坚持，赶时髦去了，这样的人，即使没有中断该工作，也是得不到诺贝尔奖的。真正得奖的人，对所研究的工作必然有浓厚的兴趣，以至于忘记自己，尤其是一些小的利益。

自 1980 年代以来，我们国家发展科学有一个方针，叫做“有所为，有所不为”。作为一个战略方针，根据我们的国情，应用研究方面多一点，基础研究方面少一点，这样做是可以的。但对于具体的基础研究，你怎么去确定“有所为”或“有所不为”的对象？数学家杨乐有句话讲得很好，基础研究最重要的是科学家的好奇心和浓郁的兴趣。基础科学研究于何时在什么方面取得大的突破，这是很难被计划的。科学史上的大量案例表明，得到出乎意料的结果，意义可能很大；得到意料之中的结果，意义有限。科学家向什么方向去创新，得主要由他们自己来定。

政治运动不但把工作中断了，还产生许多不好的效果。比如说，现在的浮躁风与以前的政治运动就有关系。很多工作不是一下子就可以取得成就的。还有，对老科学家长期积累的工作，现在往往不问青红皂白，一概斥之为知识老化。对于这种话，我是很不以为然的。像朱洗、童第周、庄孝僡等人的一些工作，是很好的，是值得延续下去的，可它们却被一些后辈轻率地扔掉，真是很可惜。不要受框框的限制，要有创新，这是对的。但同时也要记住中国的一句古话——推陈出新——没有基础，是难以创新的。

熊：现在国内做生物固氮的人也不多了，是吗？

沈：是的，现在它不是热门了，用句不好听的话，这方面的工作已经不时髦了。可我还是坚持做。在加州理工学院，跟着时髦赶是被人瞧不起的。我有个老师叫刘易斯，人家弄生物化学、分子生物学，他还搞他的经典遗传学，后来得了诺贝尔奖。今年要召开国际生物固氮会议，有人请我写几个字。我说我写几个字可以，但我这个人是不讨人欢喜的——报纸上对我有报道，题目是“一个带刺的倔老头”。我这个人，不管是对是错，都只讲我的真心话。我题的词为：“生物科学的进展依赖于不同学科的相互综合，科学家之间的协作，这是时代精神。科学上的创新源于长期工作的积累。”后面这句话，我是有所针对的。古人云，桃李不言，下自成蹊，这是科学的精神。加州理工学院密立根校长认为，科学是一个整体，这是其治院精神，所以加州理工学院与其他高校不一样，不设 department（系），只设 division（组）。诺贝尔奖得主鲍林是化学家，他重视化学和生物学相结合，获得诺贝尔奖。比德尔是遗传学家，他把遗传学和化学结合起来，搞生物化学遗传，也获得诺贝尔奖。他们都在独立思考的同时与不

1996 年 5 月与老师诺曼·哈洛威士(左)、
诺贝尔奖得主刘易斯(中)合影

同学科的学者合作，所以能做出独创性的成果。只是简单跟风，是根本不可能一下子做出创新的成果来的。

对于科学院 1998 年以来推行的知识创新工程，我有很多看法。比如说倡导学科交叉、交叉学科，这很好，可问题是怎么去做，由谁来做。通过行政手段把一些研究所并到一起，这就叫学科交叉了？我在加州理工学习时，多个学科的杰出科学家都研究同一个对象，结果产生了分子生物学，生物科学一下子出了七个诺贝尔奖金得主。为什么他们能够交叉成功？顶重要的是因为大家志同道合。只要志同道合，根本就不是空间距离所能阻隔的。

还有房子的问题。有时候，物质条件并不那么重要。1976 年，我到英国去参观了沃森他们当年工作的地方，只不过为一些油毡房子。在那样差的地方，为什么他们仍能做出那么优秀的成果？加州理工学院保留了很多旧房子，这是有道理的。那里有一句话：保持优良的传统，迎接新的挑战。那些旧房子能够告诉后人，曾经有很好的科学家在这里创新，这是很有教育、激励意义的。而我们呢？我觉得很奇怪，不但不保留那些具有历史价值的旧房子，还要拆掉蛮好的房子去盖新的。

1989 年时，有人向到北京大学访问的李远哲①问了一个问题："为什么我们中国没有诺贝尔奖得主?"他讲了一句话："首先得有产生诺贝尔奖的土壤。"我们向西方引进了科学的种子，却没有把适应科学创新的土壤引进过来。五四运动在提"赛先生"的同时还提"德先生"，两者密不可分。科学离不开民主，民主离不开科学，它们互为因果。离开了科学，民主只是一句空话。离开了民主，科学能发展吗？缺乏民主，这是我们国家科学不发达的症结之所在。光知道造点房子，买点设备，给"长江学者"们投点钱，而不去营造自由、民主的空间，根本就不可能产出国际一流水平的科学成果。

---

① 李远哲（1936—），化学家。因为在化学反应动力学方面的贡献获 1986 年诺贝尔化学奖。

附　录

忆恩师张景钺

1965 年 8 月，经过“四清”运动以后，我拖着沉重而疲乏的脚步，摸到北京大学燕东园 38 号。按了一下电铃，当我问来开门的长者，“张景钺先生住在这里吗?”还没有等他回答，室内就传出孱弱的声音，“你怎么来的，请进来。”这使陪同来的我刚进北大的女儿感到惊奇。因为老师和我已阔别多年，他怎么老远就听出我的声音呢?其实，此无他，深厚的师生情谊，平时言行举止印象之深，都是虽星移物换而难以忘却的。这次我看到老师，发现他步履维艰，身体已逐渐衰弱，说话有时也不太清楚了。但是他还是那样地关心我，像以往一样，首先问起的是我的学问和工作。记得他还问起我在北大物理系念书的女儿沈韦，希望她将来能转到生物科学中来。我来时曾有多少话想向老师倾吐，但看到他身体不好，因此好些话我都咽下去了，有些从老师的鼓励中，我已经得到了回答。“但愿人长久，千里共婵娟。”我是以这样的心情，在这天傍晚离开燕东园的。

张景钺教授
(1895—1975)

第二次我拜访老师是在 1972 年的秋天，那时还在苦难的十年浩劫时期，我突然接到通知，要我到北京参加一个“分子生物学座谈会”。这次我的好朋友周家炽和我一起去看望老

师。此时老师已经全身瘫痪了，说话已听不懂了，只是依靠过去在北大图书馆工作的一位姓马的老人帮助解释（因为他能听懂老师的话），才使我和老师还能谈一些话。眼看老师的病情已趋严重，在这离乱的年头，是否能再见面，已无法逆料，我再也抑制不住心头的痛苦了，我边泣边对老师说："我感谢您对我的培养和教育，可是我没有完成您对我的希望。"他回答我："知识是你自己努力得来的，对你我没有失望。"那天我带着满眶热泪离开我的老师，这也是我们最后的一次见面。

我认识老师是在抗日战争时期。作为一个流亡学生，我考进了在昆明的西南联合大学。流光如矢，不觉40多年了。当时老师教我们植物形态学，对这样一门描述性的学科，照例一般学生都不会感兴趣的，但是由于老师渊博的知识，独到的见解，它被讲得生动非凡。因此它留给我的不是静止的描述，而是在说明植物在发育过程中的细胞分化和形态建成的节奏与顺序性，同时反映出植物在演化中形态变化的特征与过程。记得当他讲到植物生长点的细胞分裂与分化时，用细胞分裂的动力学和拓扑结构来解说现象；在讲到植物演化时，他从古生物学，从植物性世代的演变，涉及生物变异与自然选择等问题来教导学生。这些当时都吸引着我，从而影响我以后对遗传学和生物演化等问题的兴趣。1942年我从西南联大毕业，由老师的介绍我得以入清华大学农业研究所跟随戴芳澜老师研究真菌学，从此我对微生物遗传开始产生兴趣。抗日战争胜利后，西南联大复员，我回到北大生物系。当时老师应邀在美国加州大学伯克利分校植物系做访问教授。他把我介绍给当时在斯坦福大学的比德尔教授，要我从他学习生物化学遗传，这是1940年代初期出现的一个新颖领域，也是分子遗传学的前身。那时比德尔的学说还受到一些人的非议，但我的老师却很早就看出其重要意义，现在想来是很不容易的。1946年老师由美回国，1947年下半年我离开北大南归，准备由上海出国。临行前老师在他家里为我饯行，所谈不多，令我难以忘怀的是这句话："我等待你，望你学成回来。"38年过去了，在这漫长的岁月中，由于自己不够努力，在生活的坎坷道路上不够坚强，所以我学无所成，更遑论对祖国科学事业的贡献了，思之深感有负于老师。

1950年年底，我从加州理工学院念完学位几经困难回到祖国。先在浙江大学医学院教书，后来又经老师的介绍回到过去我工作过的上海实验生物所由罗宗洛老师领导的植物生理研究室工作。多少年来，虽然老师和我相距千百里，而平时又少鱼雁往来，但老师一直关心我的工作，希望我能继续研究生物化学遗传。记得 1962 年秋在北京民族饭店召开的十年科学规划会议期间，老师特别找我谈了这个问题，鼓励我克服困难，为中国的遗传学做出成绩。

老师啊！我从大学读书，毕业后从事研究工作，以后出国学习，一直到回国后的工作，在这几十年的科学生涯中，都受到您的指导和教育。老师的为人正大光明，老师的治学严谨不苟，老师对待后学诲人不倦，这种高尚的品格感动和影响了多少当时的年轻人！现在您的学生大都已两鬓皆白了，但我们都时常想念您，尤当万籁俱寂的深夜，您好像天边行月，无声地召唤我们要为振兴中华而继续努力。

1984 年

悼念顾德安

"四清"运动开始，我早已不是什么室主任，而是阶下囚。我低着头走路，不想看见人，也怕被人看见，其实别人也不愿见到我，怕沾到点边，受到牵累。

不畏人言，不畏恶势力，仍如往日一样向我打招呼的只有两个人：顾德安和她的丈夫陈俊标。可我却在担心，生怕因为我而连累他们，所以我常常故意避开，不见他俩。

"文革"爆发后，"牛鬼蛇神"的生活开始，我自认罪孽深重，不可救药，但还是想尽办法表现得好些，争取将来可以得到个从宽处理。比如我在家里每天晚上总放一本《毛选》在桌上，因为我知道造反派可能随时光临，来抄家或搞现场批斗，我一听门响立刻将《毛选》翻开，装做用功学习的样子，刻苦改造世界观。这个方法也曾起过一点作用。因为我是"牛鬼蛇神"，因此与人类之间的一切关系都中断了。一天晚上，我一个人关在实验室里，等着"革命群众"都走完了，我才可以离开。记得当这些人陆续回家的时候，忽然一个叫姚佩华的又折回来喊我："沈善炯，现在大家都和你划清界限，你已是孤家寡人了。只有一个人死忠于你，她承受了好大压力，死也不肯屈服来揭发你，她就是顾德安。"

顾德安是我1953年建立抗生素研究组时最早的研究成员之一。她从中专一毕业就分配到我的实验室任见习员。她工作努力、认真、细心，开始时参加发酵液中抗生素

1985 年顾德安和陈俊标在美国怀俄明州

含量的测定工作。在研究抗生素的生物合成时，她和分配来的研究实习员陈俊标一起工作，合作得很好，后来两人结为伉俪。我和盛华是他们结婚时的证婚人。

令我难忘的是，1956 年那位刚从国外回来的某研究员，在一次全组工作会议上提出，要大家按自己的兴趣和志愿重新选择研究课题。当时列席会议的人事科科长蒋友本觉得很为难，怕有损我的面子。因为那时很多人都想向刚回国的科学家学些新东西，对原有的工作已发生厌倦，说什么“摇摇瓦氏呼吸器，弄不出什么名堂”等等。虽然我当时心里有些不好受，但还是对众人说，这个意见很好，各人可以按自己的志趣到要去的研究组工作。这时只有两个人，顾德安和陈俊标坚持工作，不为所动。后来由于他们俩的努力，我们在研究金霉素的生物合成时发现戊糖循环的运转与金霉素分子的前体供应有关，这个发现在生产实践中起了重要的参考作用。另外，当时科学院上海分院鼓励在职的高中毕业生申请报考大学，德安鉴于实验室工作的繁重，匆匆来找我，表示决不报名报考大学，矢志继续工作。德安就是这样，为了工作，为了共同努力的目标，为了我们师生之谊而一直努力不懈地跟随我。因为在我们的研究工作中常用到氯仿，她后来肝功能一直不好，这是影响她健康的重要因素。对此我该负责，思之深感内疚。

“四清”运动开始，陈广澧诬我有叛国、反党的思想，顾德安和陈俊标在“四清”和“文革”中都被列为我的余党，是反革命集团的主要骨干。许多批斗我的会，都不准他们参加。凡要他们参加的都旨在迫使他们揭发我的罪行。但德安，一个柔弱的女子，她不畏强暴，在无数次对我的批斗会上，她没有一次发言，默默地坐在那里，为我受到的不公平而愤恨。“清队”期间的一个深夜，已被三连的造反派审问了两天、关在人工气候室二楼北面的一间小屋里的我听到远处传来一阵阵涕泣之声，后来才知道这是德安因为坚决不承认我有任何反党言论和搞什么反党集团的罪行而受到折磨后发出的悲鸣。

德安为人刚正不阿、爱憎分明。她憎恨那些平时阿谀奉承，但在政治运动中作威作福、仗势欺人的小人。她一直反对我把陈广澧当做一个好党员，把心里想的都去跟她谈，征求她的意见。1964 年“四清”运动在植生所展开之前，陈已听得点风声，那时几乎每天都到我办公室来找我闲谈，同时趁我不注意的时候将我的话记在一张小纸上。和我坐在一个办公室的徐某已发觉情况有异，提醒我注意。我根本没有想到陈已在加紧收集我的“反动材料”，预备加工后揭发了。此前，大概是 1960 年吧，党内在批判“大跃进”中的浮夸和瞎指挥风时，上海市科技党委书记张承宗，在一个会上指出有一位研究室的党支部书记瞎指挥，挫伤了不少青年人的积极性。我一听就知道他指的是陈广澧。会后我找到张承宗同志向他解释，说明陈是一位工作努力，对微生物室的领导有成绩的人。同时我又要求我的学生王孙仑和金以丰等人，要谅解别人，不要不理睬她。金以丰勉强接受了我的规劝，但王孙仑却坚持不睬她。这就是“四清”期间王孙仑受到她手下那些人围攻的原因。那时我年轻，脾气急躁，滥用感情，喜欢听好话，听能哭、能笑、能表演之类的话。有不少人，不会讲话的人，都不肯和我讲真话，也只有顾德安每次都直率地对我提出批评。记得她常说：“你看，你这位沈先生又错了，又看错人了。”

“文革”后，我们曾又回到同一实验室一起工作，可惜为时很短。德安非常关心她丈夫陈俊标在学业上的成长，她是一个要强而不甘落人之后的人。1985 年陈俊标去美国怀俄明（Wyoming）大学进修时，她也准备去美国参加工作。临行的前几天，她和我谈得很多。她不放心我的健康和工作，她担心在新成立的分子遗传研究室中没有真正可以依靠的人，没有可以为共同目标而舍己奋斗之人。她总是不放心，她深知我

1986 年与陈俊标在美国怀俄明

这个人旧疾难改，容易上当。她要我注意健康，离开上海前还特意送我一个新买的血压计。她说如因工作需要而要他们回来的话，她和俊标一定会回来的。在她即将离开的那天上午，我和张娅珍同去清真路看望她，她正在整理行装，将室内不用的家具套上布套。临行时对我说的还是那句话："记取教训，做好在科学生涯中的第二次奋斗。"岂知此别，竟成永诀。

德安到怀俄明大学工作不到半年，因车祸去世。1986 年我去美国往怀俄明去追悼她时，见到她的遗像，我竟跪着晕眩过去了。俊标后来告诉我，德安生前一直在计算日子，等我在暑期中到美国来。她曾说，如果我不来怀俄明，那她和俊标就到东部来看我，而且她要送给我一件礼物。至于这件礼物是什么，她从没有告诉别人。

怀俄明大学在悼念顾德安的会上，有一句悼词："陈夫人，是一位了不起的女性，她代表着她的国家，爱好和平，爱好人民。如果大家都能像她那样，世界将没有战争。"往事填膺，历历如影，德安，我将永远怀念你，我们一家也将永远怀念你。

1986 年

忆王仲良[①]

王仲良离开我们已24年了。岁月流逝，但往事犹新，科学家们对这位高风亮节的革命家并没有淡忘，思之则更加怀念他。

王仲良

我是在1952年到上海中国科学院工作的，当时科学院驻上海办事处的主任是李亚农。我认识王仲良还是在1953年以后，那时由于医药工业的需要，中国科学院在上海成立了抗生素工作委员会，负责协调上海从事抗生素工作的研究所、工厂等研究和试制当时急需的抗生素。李亚农同志非常关心我们的工作，不时到实验室来看望大家。那时我年轻，脾气急躁，执意按照我在加州理工学院实验室的那套办法，要求工作人员夜以继日地工作。紧张的气氛加之我的固执和偏见，使有些人去告我的状。但李亚农同志始终耐心地对我循循善诱，以他自己过去的经验，转弯抹角地告诫我，望我引以为鉴。后来李亚农因病辞去上海办事处主任一职，由王仲良继任。记得在李亚农的住处（即现在的上海细胞生物学研究所工会的楼上），他将

① 原载于《王仲良纪念文集》。北京：中共党史出版社，1999年。原题为《岁寒然后知松柏之不凋》。

我介绍给王仲良。从此，在这两位高瞻远瞩的革命家的帮助下，这40多年来，虽历尽沧桑，但我的科学生涯还是能适应时代而迈进。我是幸运的，一回国就遇到了这样的好领导。“文化大革命”后，我曾向中国科学院上海植物生理研究所我所在的支部书面汇报了上述一段话。

王仲良到科学院时，适逢不少科学家陆续从海外归来，研究气氛高涨。他一直和科学家在一起，除向大家传达和解释党对科学研究的政策和要求外，有时也谈谈他自己在抗日战争和解放战争中的经历。他还要求科学家给他讲科学，谈科研工作的进展和看法。他设法使科学家之间相互交流和协作。所以，那时上海各生物科学研究所的工作进展情况彼此都很清楚，没有隔阂，具备了天时、地利、人和之优势。50年代中曾有过要在上海建立一个面向世界的实验生物研究中心的计划，当时的中科院副院长张劲夫也盛赞王仲良的雄心壮志。王仲良钦佩那些在科学上有杰出成就而献身于社会的人，例如朱洗。而科学家亦愿向其倾吐衷情，视他为可依靠之人，互相间结成了深厚的友谊。他曾巧妙地引用三国演义中诸葛亮一生事必躬亲，犯了没有及早培养后进，才致后蜀无人的错误，提醒科学家必须注意培养年轻一代，使之青出于蓝而胜于蓝。

王仲良和科学家之间的友谊是建立在为中国的科学事业而奋斗的基础上的，可是竟被诬为“右倾”、“向资产阶级知识分子妥协”。边伯明在去世的前一年曾约我去华东医院见他。他以郑重的口气告诉我关于他对王仲良的认识。他说当年他从化工部部长助理调任中科院上海有机化学研究所党委书记时，就有人告诉他说王仲良“右倾”。但到了上海与王仲良交往了几年后才逐渐了解到：王仲良是一位非常高尚的人，他有智慧，有胆量，是一个真正的共产党员。他为中国的科学事业呕心沥血而尽瘁一生。

历史的尘埃可以掩盖真相于一时，但历史最终将还其本来面貌。

我对王仲良的感激之情始于1955年，那时批判“胡风分子”的运动开始。那一年5月，中国科学院要召开学部大会。我虽然不是学部委员，但被邀请列席会议。胡风的朋友贾植芳在复旦大学中文系任教，因知我在复旦大学生物系兼课，便趁我去复旦上课时找到我，说要我为他带点食品给胡风。我同意了。不久，贾植芳的侄子拿了两瓶酱油来，要我去北京时带给胡风。后来学部会议延期，一天忽然贾植芳的侄子又来了，也不说明底细就匆匆将两瓶酱油取回。我认识胡风只因为我的夫人卢盛华和胡风的夫人梅志是干姐妹，从小在一起，友谊甚深。他家在上海时，我也只见过胡风一面，记得那时他正准备举家迁往北京。因为我和胡风没有交往，因此当运动深入，组织学习《胡风集团反革命材料》时，我显得漠不关心。哪知这一年秋天，当我从北京开会回来，王仲良到我家来告诉我说，我曾被怀疑为“胡风分子”，因为说是贾植芳要我带给胡风的两瓶酱油的底下夹有一封信，这就是为胡风集团通风报信的证据。有人原想对我进行审查，王仲良据理力争，担保我是一个埋首工作的学者，决不会搞什么反革命活动，这样才使我逃避了一场灾难。如果没有王仲良同志的信任和担保，后果是不堪设想的，我的科学生涯或许早就终止了。①

感激王仲良同志的，不啻我一人和一家。在那极“左”的年代，他承受着保护无辜的科学工作者的重荷，知之者无不感动。

我是 1957 年 4 月入党的。在我入党之前，王仲良找我谈话，勉励我入党以后作为一个党员科学家，要更加努力为科学事业做出贡献。他说：“党员科学家不是一般的科学家，也不是党员中的其他专家，你的主战场在科研。”此话让我深受感动，从此我佩服他，听他的话，以致后来不断有人批评我只听王仲良的话，而不听组织的话。说实在的，我确实认为王仲良的话有道理，他代表着人民的利益和国家的希望。在我入党以后的几年中，虽然国家遭到经济困难，但我和我的同事、学生们在科学研究中

---

① 贾植芳（1915—2008），时任复旦大学中文系教授，兼中国现代文学教研室主任，1955 年 5 月 15 日早晨被逮捕。他在回忆录《八十漫议学做人》中也提到此事，但与沈善炯所忆略有区别：“5 月 13 日是星期五（当天《人民日报》公布了由舒芜提供的“第一批材料”——熊注），正好在校园里碰上沈善炯……他的妻子是梅志的干姊妹，因此认识胡风，又因胡风的关系认识我。他说过几天要到北京中国科学院去开会，就问我有没有东西要带给胡风。我确实是很关心胡风的处境，虽然还想不到会被捕入狱，但想象得到，胡风的日子决不会好过。我回家就要任敏（贾的妻子——熊注）上街买了大约 10 元钱的东西，一瓶虾子酱，几包酥糖，都是胡风喜欢吃的东西，还买了一双长筒袜子包在一起，托住在我这里的任敏的侄子送到沈家。没想到过了一天我就被捕。我内侄讲出送东西的事，糖与虾子酱就落到警察手中了，又构成了一宗我的‘支持胡风，安慰胡风，鼓励胡风向党进攻’的罪状了。”见贾植芳：《八十漫议学做人》。刊载于《青年思想家》，2000 年，第 5 期：第 94~99 页。

还是做了一些对人民有益的事。可是在 1964 年的“四清”运动中，植物生理研究所被列为中科院上海各所的试点单位。那时王仲良已调离科学院，我被批判为“将微生物学的研究引向资本主义道路”之人。从此我备受诬蔑和屈辱之苦。当然我被批判势必涉及所谓王仲良对我的偏袒。1966 年“文化大革命”开始，造反派在岳阳路 320 号大草坪召开批斗王仲良大会。当时有人张贴“血泪控诉”的大字报，想闯入会场揭发和控诉王仲良，说他将我这个“反党反社会主义分子”拉入党内。

“革命群众”对我的愤怒之情牵累了王仲良同志，我感到难过。但有一天，在院子里我巧遇王仲良，他毫不沮丧，却诤诤而言，要我坚信真理必胜。

“患难可以考验一个人的品格，非常的境遇可以显出一个人的非常的气节。”我想起这句名言。仲良同志不愧为久经考验的革命家。

仲良同志在 60 年代初期调离上海分院出任上海市委监委副书记。当时很多科学家都舍不得他走，极力想挽留他。他自己也舍不得离开大家，舍不得这十多年与科学家建立的深情厚谊。但这是无济于事的。通融的一条只是同意王仲良可以仍住在建国西路 581 号，与科学家为邻。他满足了，因为这样他依然可以看到或听到科学的进展和科学家的心声。为了科学和新中国的建设，仲良同志的耿耿丹心可见一斑。

“文化大革命”中，王仲良同志遭受“四人帮”的残酷迫害。在“文化大革命”后期，他被调回分院，到科技物资管理站“帮助工作”。每天奔走于漕河泾、龙华和岳阳路之间，他毫无怨言，因为他觉得至少自己已回到科学院了。但他毕竟年事已高，疲惫之躯终于不支，最后倒在了工作岗位上，在黎明之前离开了我们。仲良同志是一位真正的共产党人和实事求是的革命家，是我们的良师益友。他实践了为中国科学的发展甘当勤务员的夙愿。我们将永远怀念他。他的功绩将永垂史册。

1999 年

学生眼中的沈善炯

朱家璧访谈录

受访人：中国科学院上海生命科学研究院植物生理生态研究所
朱家璧研究员

访谈人：中国科学院自然科学史研究所　熊卫民

访谈时间：2008年7月30日，2008年8月1日

访谈地点：中国科学院上海生命科学研究院植物生理生态研究所

熊：请介绍一下您的经历以及您所了解的沈善炯先生。

朱：我生于1935年，1956年从复旦大学生物系微生物专业毕业，然后被分配到植物生理研究所。

熊：做研究实习员？

朱：毕业分配时，学校让我考植物生理研究所沈善炯先生的研究生，考得上就在那儿做研究生，考不上就做研究实习员。我没有思想准备，也没怎么复习，就去考了一下，结果没考上。那一年，王孙仑考上了。他毕业于上海第一医学院，在东北哈尔滨某医院做过三四年医生。他早就有心考沈先生的研究生，准备得非常充分。洪孟民和金以丰是沈先生最早的研究生，1955级的。

由于没有考上研究生，所以我以研究实习员的身份到微生物研究室工作。沈先生

是这个研究室的主任，他重视学科交叉，希望能够与不同专业的有学问的人多做交流，一起合作研究。所以，这个室从外面聘请了一些兼职人员。植物病理学家、南京农学院的方中达教授是其中的一位。他大概比沈先生大一两岁，是沈先生在云南昆明清华大学农业研究所时的同学。沈先生想用噬菌体做材料开展一些研究，就让我去跟方先生学习。他亲自坐火车带我去南京。在我之前一年有一个叫杨常仁的研究实习员已被沈先生送到方先生那里，以后，我们两个就跟方先生工作。我在南京待了一年，1957年回到所里，继续用噬菌体为材料做一些研究工作。方先生每个月来一次指导工作。方先生每次来，沈先生都跟他一起听我们汇报和讨论安排工作。

然后很快就开始了“大跃进”。我们所先是下乡“总结农业丰产经验”，然后“大炼钢铁”。大炼钢铁时是不做业务的，每天都在小高炉上忙到很晚，我也参加了。

熊：沈先生呢？

朱：我记得“大跃进”时沈先生下厂了，他跟上海制药三厂一直有联系，厂里经常派人到我们微生物室来，沈先生也过去，跟他们一起开会讨论。下厂跟运动是否有关我记不清楚了。

然后沈先生去苏联工作了一年，他回来之后，将微生物室扩建成立了上海微生物研究所。当时中国科学院要发展微生物研究，虽然在北京已建立了一个微生物所，但觉得上海的力量挺强，就在我们这个研究室的基础之上，又组建了一个。

熊：上海微生物所坐落于什么地方？

朱：我们微生物所被安排在有机所的一幢大楼中。为什么会到那里去呢？这里面还有一个故事。50年代上海分院原计划在零陵路345号的空地上为实验生物所、生化所、生理所、植物生理所各造一幢科研大楼，可是因为“大跃进”运动，只落成了一幢——植物生理所的这幢。有一次分院开会时，有机所的党委书记提出，你们植物生理所面向农业到农村去，那么在城市里就不必要保留高楼大厦了，这幢楼就给我们吧（大意如此，当时还用了一些先进口号）。会上就这么决定了。后来我们植物生理所的人经常“骂”我们当时的党委书记赵毅无能——送掉了实验大楼。现在科学院决定让我们微生物室独立建所，到什么地方建呢？最后就定在已给有机所的那幢楼的四楼——给了我们半层楼，共十几个房间。1960 年时整个微生物所都在有机所那楼上。那幢楼现在不存在了，就在今年刚刚被炸掉了。

熊：此前你们微生物室在哪里办公、做实验？

朱：最早，微生物室在武康路 69 号，1956 年我刚分配过来时就在那里上班。那是一幢在“三反”、“五反”时没收自一个资本家的小洋房，底层五六间，楼上两三间，前面还有个花园，现在已被拆除了，在那儿建了分院的一幢宿舍。此外，岳阳路 320 号也有一两间微生物室的实验室。

熊：上海微生物所存在了多长时间？

朱：1959 年酝酿，1960 年正式成立，1961 年撤销，上海微生物所只存在了一两年的时间，然后又回归植物生理所。

熊：这个所留下来的文献材料较少，请您多介绍一下它的情况。

朱：成立所之后，我们仍不时去岳阳路一起开大会，回归植物生理所后也没变更位置，所以我对这个所印象不太深了。只记得当时工作红火，我们业务抓得很紧。大家忙忙碌碌，没有闲逛的，从早到晚没什么空余时间。早上 8 点以前大家都到实验室，晚上经常忙到深夜九点、十点才回家。

熊：工作这么忙，是沈先生要求的吗？

朱：我记得我来的时候，微生物室就已经有了这个风气。工作抓得很紧，白天没有人坐在那里闲聊的。这个室与植物生理部分的工作性质不太一样，植物生理部分的工作人员平时经常下乡、下点，在外面的时间多，冬天回实验室整理、总结资料，相对比较闲一些。我们忙，跟微生物材料的生长周期比较短也有关系。

熊：忙碌风气的形成与沈先生关系更密切吧？

朱：那当然，沈先生是业务负责人。他的脾气多急啊，什么事情今天交代了，明天早上就问，就要看结果。你要是做出了稍微像样点的东西，他会过一阵就来看一次，有时候一天要我们汇报两次。而且他总是一本正经，所以我们看到他是有点害怕的。我们这些人刚刚毕业就分配到这里，在他的要求和训练下，很快就养成紧张工作的习惯。

熊：当时上海微生物所有多少人，党的领导人是谁，分几个室(组)?

朱：那时候微生物所也就三五十人，除原来微生物室的党支部书记陈广澧外，上级还派来了杨坚作为领导主管政治，他是一个团级以上的干部，合并以后任植物生理所党总支副书记。所内分五个组：代谢组，组长是陈俊标，成员包括王孙仑、顾德安、徐美琳等；生长发育组，组长焦瑞身；噬菌体组，组长司稚东；遗传因子组，组长洪孟民；自养菌组，组长宋鸿遇。焦先生、司先生都是沈先生请来的。

熊：您当时是什么职称?

朱：1960 年时我升为助理研究员，洪孟民、陈俊标等当时可能已经是副研究员了。

熊：那时候国家正值困难时期，你们的工作可有困难?

朱：研究经费一直是上面拨的，上面对我们很支持，没听说化学试剂、仪器不够的事。我记得那个时候我们做的题目是比较多的，而且理论课题占大部分。

熊：请介绍一下 1962—1964 年间沈先生的工作状况。

朱：从广州回来后，他的积极性变得更高了，工作抓得非常紧，憋着劲要赶超。

熊：那时候他自己动手做实验吗?

朱：我到所之后他自己动手就比较少了。他太忙，主要是做指导。他站得高，看得远，提出一个个的题目，指导学生去做，然后分析结果。看结果时，他是比较具体的，直接询问操作者。

熊：那几年你们主要在做什么研究?

朱：大概从 1960 年起，沈先生带着一些学生开始研究细菌遗传。我从 1962 年起也开始做遗传生化方面的课题。洪孟民、陈蕙珠等是以青霉素处理细菌，从对青霉素呈抗性的细菌中提取核糖核酸（RNA）作为材料进行细菌的遗传性转化因子的研究。沈先生让我以链霉素为材料做试验，结果，未能证明他们的观点。以后还进行了枯草杆菌中丙氨酸脱氢酶和谷氨酸脱氢酶等的研究。

那个时候，沈先生跟支部书记陈广澧谈话很多。我当时心里说，怎么你们每天都有那么多讲不完的话！要知道，因为一次次的政治运动，我们实验室内，不要说跟沈先生，就是年轻人之间也不怎么闲聊的。同事、同事，真的只是共同工作，不大谈生活的，更不会私下交流对社会上某些事物的看法。万一不小心说出来的话在下一个运动时被告发出来了呢！但沈先生和陈广澧不一样，在相当长的时间内，他们之间的关系都相当融洽。陈广澧是专职的行政干部，不搞科研，平时她对贯彻沈先生的意图是十分积极的。我们从来没想到陈对沈有那么多的“意见”。

熊：“四清”运动是怎么在你们研究所开展起来的？

朱：我们所是“四清”运动的试点单位（也即重点单位），当时分院的头头们都来了。新上任的上海分院党委书记白学光管整个分院的运动，冶金所党委书记李学勤具体管我们所，派了一个工作队过来。驻扎在我们微生物室的有两三个人，其中有一个叫孙仲祥，是从生化所过来的党政人员。其他工作队队员也来自分院系统，主要是外所的党政人员。他们到所里来发动群众，一个个找，个别谈话。

有一天晚上，党支部开会。支部书记陈广澧说：现在正搞“四清”，请大家对支部的工作提提意见；支部不是空的，支部成员平时有哪些做得不恰当的，有哪些资产阶级作风，大家在会上谈谈。

我当时不知道陈广澧已经揭发沈先生了，还以为只是一次平常的会。而那天沈先生一到会就发火，说生化所出现了一张大字报，讲徐京华“叛党”（或者“叛国”，一直到今天我都没弄清楚那究竟是怎么回事）。我对他那种凶巴巴的样子有看法，就开始对他提意见。我们支部内的几个党员平时都不大受沈先生的重视。沈先生这个人很直，说话不讲什么策略，他觉得某个人好，就直接讲谁比谁好，而得到他表扬的那几个人都不是党员，所以，我们几个党员心里就有点不平衡。我那天在会上说：你是党员，为什么在业务上不多培养培养我们这几个党员？我们几个在工作中也都是很肯干的，只是因为个人的基础、资历等原因，暂时没有产出突出的成果。要注意红和专的问题、组织原则，等等。

沈先生根本就听不进去，我一讲他就走。我也生气，心想平常没机会说，在支部会上，我给你提点意见，你为什么站起来就走呢？这是什么样的态度？我就是要讲给你听。所以他一走我就停，他一来我又讲。这样反复了几次，他气得要命。后来我才明白，沈先生这个人根本就不管你是不是党员，哪个在工作上有成绩，或者有新发现，他就表扬谁。而那天晚上他之所以火气特别大，还因为此前陈广澧已经在工作队召开的会议上揭发了他，并给他戴上了“叛国”、“反党”的帽子。

熊：那次揭发对沈先生的打击很大。

朱：长期以来，沈先生都是一心一意搞科研，一下子被扣上那么大的罪名，他完全不能接受。尤其是他比较重感情，原来无话不谈的人，居然一直在拿着本子记载他的“反动言论”，并突然在领导面前揭发他，这令他更加受不了。本来他还有机会去申辩一下的，但他这个人一点都没手段，伤了感情之后，硬是一句话都不肯讲，只是要求大家对他进行调查。可一旦成了运动的靶子，又怎么会调查出真相？人无完人，总是能挑出问题的。比如，虽然他爱国，但在运动中有人揭发，他在发起火来时，也说过“这里还不及美国”这样的话。再如，困难时期，面对食堂所提供的极差的饭食，他曾发牢骚说，吃得还不如日本监狱好。在运动的时候，这些话语被曲解成他在宣扬共产党中国还不如美帝国主义、日本法西斯，并被上纲上线为叛国、反党。

熊：陈广澧在多年以前就想着要揭发他？

朱：记录他人讲的话，是陈广澧的一个习惯，并不意味着那个时候她就想着要揭发某人。我猜测，她之所以突然揭发沈先生，主要是因为她的政治嗅觉。她是搞政治的，感觉“四清”运动的对象可能包括沈先生这样的“资产阶级知识分子”、“特殊党员”。为了“立功”，为了划清与沈先生的界限，她做出了第一个起来揭发的选择。

熊：沈先生平时也很重感情，对吗？

朱：沈先生性子急，处事不讲情面，不管是谁，如果他认为做得不对，马上板着脸，心里一想通，又立即来个180度的转弯。他同情弱小，有时候心肠很软。举个例子：有一天，金以丰弄坏了一个比色皿，她生怕沈先生批评，都快急死了。我们就帮她出主意，让她一看到沈先生就哭。结果正如我们所料，沈先生不但不责备，反而过来安慰她。

熊：“四清”时他已经挨过整了，为什么“文革”一爆发，又开始整他？

朱：正因为他已经被整过了，所以批判材料比较现成。记得有一次开大会斗他。

开会之前，党总支就已经布置好：你发什么言，他发什么言，一定要把会议开得既上纲上线、十分隆重，又不重复。于是，我们这些在他身边工作过的人，一个个走上台去，有的批他的同志关系，有的批他的工作作风……他最欣赏的学生王孙仑，则被要求站出来揭发沈先生在业务中的问题。那时候没办法，要人人过关的，王孙仑也不得不上台去说。

熊：就算不愿意，也必须上台去表态？

朱：也不完全是违心的。我当时确实认为，想抢先、想出名、有一点成绩就要炫耀，这些是资产阶级思想的体现。那个时候，关于何为资本主义道路，是有明确评价标准的。我当时认为，沈先生的某些做法，对得上那些“标准”。不能说我讲的那些话都是违心的，我当时并无那么高的觉悟。如果大家都认为假，都感觉违心，运动怎么能搞得那么厉害，怎么能让全国有那么多人参与？

熊：看来当时的评价标准是个重要问题。当时组织上有没有动员沈先生去讲什么话？

朱：在批判别人，如批判殷宏章先生时，也动员过他。但沈先生这个人，硬就硬在这里。虽然他私下也曾提及过殷先生的缺点，但让他在公开场合去批斗老师，他绝不肯为。他非常倔强，有一次人家斗了他十天十夜，他仍然既不自己认罪，也不揭发别人。

运动的时候，有些人一挨斗就乱七八糟交代，但沈先生从来都不乱揭发人，这令我十分佩服，两相比较，更显沈先生的正直。从此之后，我逐渐改变了对他的看法。以前我不是说他偏心嘛，后来也没意见了。他固然没表扬我们，但也没对谁使过坏。他的脾气是有点大，但那并不是什么原则问题。

熊：沈先生那代人受传统教育比较多一点。

朱：在我的印象里，沈先生对父母、老师，从来都是毕恭毕敬的。我觉得他头脑中有一些传统的东西，非常讲究忠孝仁义。他觉得父母、老师是他的长辈，小辈是不可以去讲长辈的。而我们这些低他们一辈的人，脑子里没有这些东西。拿我来说，是在教会学校长大，中国传统的东西接触得很少；上大学之后，上面又要求我们对传统持批判态度。

熊：请介绍一下 1973 年沈先生在植物生理所建立生物固氮组的过程。

朱：1978 年后我才参加这个组。我在“四清”时讲过他，他对我印象不好，所以在组建新的生物固氮组即开展遗传（分子遗传）研究时，他没有点我的名。

熊：那时候他有权力挑选工作人员了？

朱：应当还是有一定权力吧。1974 年时，他被结合到所革命委员会当副主任。所谓他“反党”、“叛国”，都没有真凭实据，而脾气不好、态度不好什么的，都不是原则性的，所以后来就把他结合了进去。

熊：沈先生是不是很重视培养人才？他培养了多少学生，其中有哪些特别优秀？

朱：他很重视培养人才，但培养出来的学生，在数量上并不见得很多。像我这种跟着他的工作人员（我来所做研究实习员时，所里明确说沈先生是我的导师），先后有一二十位。在恢复研究生制度之前，他为很多单位，如中科院遗传研究所、植物研究所、医药工业研究院、华东化工学院、武汉大学、广东微生物所、解放军军事医学科学院等，培养过进修人员，他们大都是单位中的骨干力量。他还培养了 30 多位研究生，除我们所的以外，上海交通大学也有过一些，他们现在大部分都在国外。在这四五十位学生中，王孙仑、洪孟民、金以丰、熊跃等人是特别优秀的。可惜王孙仑在“文革”时期就去世了。洪孟民是我们单位的，中国科学院院士。金以丰是南京大学生物系生物化学教授。熊跃现在四十七八岁，几年之前就是美国北卡罗来纳大学的正教授了。

熊：可以从哪些角度认识沈先生，请提供几个关键词。

朱：爱国、正直、认真、直率、倔强、重感情、爱打抱不平，这些都是他的特点。

沈善炯的科学贡献[①]

沈善炯在实验室检查实验结果(1999年)

① 主要根据《生命科学奖获得者沈善炯》(载于《1999 何梁何利奖》。北京：中国科学技术出版社，2000 年，第 78~79 页) 改写。

沈善炯的研究领域主要包括以下几个方面。

最初是对古瓶菌和链孢菌的研究。1942—1944 年，沈善炯在清华大学农业研究所戴芳澜教授的指导下研究古瓶菌。他的第一篇论文被推荐发表在 1944 年的《美国植物学杂志》上，这项工作纠正了前人对古瓶菌的错误描述。1947—1950 年在加州理工学院生物系当研究生时，他的主要工作是研究链孢菌的甲硫氨酸合成和酪氨酸酶，发现链孢菌酪氨酸酶的形成受温度和含硫化合物的抑制。他的导师哈洛威士根据他的发现，深入研究了酶的结构和诱导问题，丰富了基因和酶的学说。

然后是对抗生素的生物合成的研究。解放之初，我国的抗生素生产几乎是处于空白状态，一些发达国家禁止对我国出口，我国必须自力更生发展抗生素生产，这是一项急迫的国家任务。沈善炯从 1952 年开始从事抗生素的研究，主要承担金霉素和链霉素的生物合成研究。他发现金霉菌分解己糖时，戊糖循环的运转与金霉素的合成有关。根据实验推论，金霉素分子的芳香族环部分，来源于 1，7-二磷酸景天糖，而磷酸盐抑制金霉素的合成在于终止了戊糖循环，结果抑制 1，7-二磷酸景天糖的合成。在这个结论的指导下，生产部门采取限制磷酸盐浓度的发酵培养基，有效地提高了金霉素的生产。在研究链霉素的生物合成中，他和学生们证明了鸟氨酸循环的作用。精氨酸是链霉素链胍部分脒基的来源，这种由精氨酸与链胍之间的转脒基反应，后来由他的学生证明仅在链霉素合成开始时即所谓生长期（idiophase）进行，说明链霉素的合成受时态控制。沈善炯等在抗生素研究上的成绩，在学术上和生产实践上都有重要价值。该项成果获 1955 年中国科学院成果奖。

沈善炯和他的学生在链霉菌的研究中，发现了作用于烟酰胺辅酶的烟酰胺核酸酶，这个酶与核酸紧密结合，对热和许多蛋白质变性剂有高度稳定性，只有经核酸酶处理后才显出其对 pH 的最适活性和其他特性。这种酶复合物的生理功能引起科学家的兴趣。在链酶菌中他们还发现能使木糖转变为木糖酮的 D-木糖异构酶（即己糖异构酶）。可惜当时没有测定这个酶对己糖的作用，后来这个发现为日本三松工业公司所应用，将葡萄糖转化为果糖而获得很大利润。该公司在获得专利后，特派人到中国来向沈善炯致谢。

在研究细菌的糖代谢时，1963 年他和学生在大肠杆菌中发现甲基乙二醛的合成酶，实验指出己糖可以由 3-磷酸二羧基丙酮经甲基乙二醛而形成乳酸的支路进行代谢，磷酸盐对这个支路代谢起调节作用。6 年以后英国的库珀（Cooper）和安德森（Anderson）才报告同样的发现，但他们承认最先发现者是沈善炯和他的学生。

再后是对固氮基因的结构和调节的研究。1974 年他带领一批年轻科学工作者开展生物固氮遗传学研究，以自生固氮细菌克氏肺炎杆菌为模式，研究固氮（*nif*）基因组的精细结构和 *nif* 基因的调节。证明 *nif* 基因在染色体上呈一簇存在，无分隔区，纠正了当时国外的报道。他们在缺乏基础又极端困难的条件下，一切从头开始，在短期内逐渐赶上了国际研究水平，为我国的固氮遗传学研究奠定了基础。1978 年加州理工学院为纪念摩尔根建立生物系 50 周年，特邀他在“基因、细胞和行为”学术会议上做专题报告。他系统地阐明了固氮基因受氧、铵和温度的调节均通过固氮正调节基因 *nifA* 的作用机理，提出双层次调解学说。这个学说已被证实并在实践中得到应用。

研究 *nif* 基因启动子的结构和调节，发现启动子区的保守性序列的变化，可以改变其对 *nifA* 产物的依赖。这项工作曾被邀在 1985 年第六届国际固氮会议上做大会报告，被誉为近几年中最出色的成就之一。20 多年来他们在研究固氮基因的结构与调节这个项目中取得了一系列具有重要价值的成果。

1985 年以后，他们的工作重点转入共生固氮的遗传学研究。以苜蓿根瘤菌为材料研究根瘤菌结瘤和固氮基因的调控问题。揭示根瘤菌和宿主植物在建立共生系统中，结瘤和固氮基因的相级顺序性表达。同时指出固氮正调节基因 *nifA* 产物既为固氮所必需，又为根瘤的发育所必需。1988 年沈善炯在第十六届国际遗传学会议上应邀做大会报告。

沈善炯研究固氮基因的成就为国际所公认。他的贡献不限于固氮，重要的是在推动和发展中国分子遗传学的研究。80 年代初，沈善炯和他的学生又开展关于大豆储藏蛋白基因的研究，为我国开展研究高等植物分子遗传学的先驱。沈善炯主张研究单位应与大学建立联系和合作，因此他帮助上海交通大学建立了分子遗传和生物技术研究室，后来又发展为生物科学和技术系。

他重视对年轻人的培养，既重视基础训练，又严格要求实验室操作和纪律。他要求他的学生向其他科学家请教，不要只当一个人的学生。他经常介绍他所钦佩的国内外科学家的学术成就和治学品格，先后培养了50多名学生，有的已成为国内外有重要贡献和较高声望的学术带头人。

1980年他被选为中国科学院学部委员（院士）。他曾多次应邀在国际生物固氮会议和国际遗传会议做报告，并先后任美国加州理工学院、纽约大学医学院、哈佛大学医学院微生物和分子遗传系、波士顿生物医学研究所等机构的访问科学家、访问教授。1996—2000年曾任中国科学院学部主席团成员。历任中国遗传学会副理事长、中国微生物学会理事、中国生化学会理事、上海市政协常委等职。

沈善炯在1979年获中国科学院自然科学一等奖，1981年获美国南加州华人工程师和科学家协会杰出成就奖，1988年获国家自然科学二等奖，1996年获美国加州理工学院杰出校友奖，1997年获陈嘉庚生命科学奖，1999年获何梁何利科学与技术进步奖。

俞冠翘

沈善炯年表

1917 年　4 月 13 日生于江苏省吴江县澄墟村。

1923 年　在家中延请塾师开始读书。

1925 年　到同里镇泰来桥初级小学插班上二年级。

1928 年　升入同里高等小学上五年级。

1931 年　考入吴江中学。

1934 年　考入位于苏州的江苏省立农业学校。

1937 年　8 月，到南京参加金陵大学农学院农业专修科的入学考试，后被录取。

1938 年　9 月，到广西大学农学院借读。

1939 年　9 月，转到西南联合大学生物系上学。

1942 年　7 月，在戴芳澜教授的指导下以昆明地区的水生真菌为题完成毕业论文，从西南联合大学毕业，获生物学学士学位。接着到清华大学农业研究所担任研究助教。

1944 年　3 月，离开清华大学农业研究所，到华中大学生物系任讲师。4 月，第一篇论文刊于《美国植物学杂志》。6 月 23 日，与毕业于西南联合大学经济系的同学卢盛华结婚。

1945 年　7 月，到中央研究院植物研究所任助理研究员。

1946 年　到北京大学生物系任研究助教。

1947 年　年终，到美国加州理工学院生物系留学，主修遗传学，导师诺曼·哈洛威士教授，副修有机化学，导师栽克密艾斯脱教授。

1950 年　6 月 25 日，通过博士论文答辩，论文题目为《关于粗糙链孢霉菌中酪氨酸、半胱氨酸关系的遗传学和生物化学》。8 月 31 日，乘船离开美国。9 月 12 日，轮船行至横滨时，和赵忠尧、罗时钧一起被美军拘押。11 月 17 日，乘船离开横滨，20 日到达香港，21 日回到中国内地。

1951 年　春，到浙江大学医学院生物化学科任副教授。

1952 年　2 月，到中国科学院上海实验生物研究所植物生理研究室任副研究员、微生物生理研究组主任。

1953 年　植物生理室独立为植物生理研究所。成立抗生素研究组，主要从事金霉素的生物合成研究。

1955 年　因在抗生素研究上的成就，获中国科学院成果奖。

1956 年　4 月，因为在金霉素研究方面的突出成就，所领导的抗生素研究组获中国科学院植物生理研究所集体一等奖。本年升为研究员。

1957 年　4 月，加入中国共产党。5 月 31 日—6 月 7 日，作为中国代表团团员，到莫斯科参加第二次国际抗生素学术会议，在大会上报告金霉素生物合成的工作。

1958 年　10 月，作为访问科学家，到苏联医学科学院生物化学研究所工作，翌年 6 月回国。

1960 年　6 月，中国科学院上海微生物研究所成立，任副所长（无所长），并具体负责代谢和遗传两个组的工作。

1961 年　8 月 7—19 日，到莫斯科参加第五届国际生物化学会议。

1962 年　2—3 月，参加在广州举行的全国科学技术工作会议。5 月，到北京参与制定《1963—1972 年科学技术发展规划》。6 月，上海微生物研究所并入植物生理研究所，仍任副所长。

1963 年　发现己糖分解经甲基 1,2-醛-乳酸的支路代谢途径，论文发表在 1963 年的《中国科学》上。

1964 年　8 月，在“社会主义教育”运动中被诬“叛国”、“反党”，遭到围攻。

1966 年　“文革”中被批斗，长时间受到迫害，整党中受“劝退”处分。

1972 年　12 月 16—23 日，到北京参加分子生物学专题座谈会。

1973 年　年初，负责组建生物固氮研究小组，开始相关遗传学研究。

1974 年　秋，被任命为植物生理所革命委员会副主任。

1976 年　9—10 月率领代表团赴英、法考察分子遗传学。

1977 年　2 月，在北京参加遗传工程研究会议。12 月，在《中国科学》上发表了一篇题目为“Genetic analysis of the nitrogen fixation system in *Klebsiella pneumoniae*”的论文。

1978 年　3 月，出席全国科学大会。6 月，出席在美国威斯康星大学举行的国际固氮会议，在大会上做报告。10 月，应邀参加加州理工学院的摩尔根创立生物学系 50 周年纪念会，并在“基因、细胞和行为”的学术会议上做报告。

1979 年　获中国科学院自然科学一等奖。

1980 年　当选为中国科学院学部委员。以后历任学部常委（1981—1994）和学部主席团成员（1996—2000）。

1981 年　3 月，获美国南加州中国工程师和科学家协会颁发的杰出贡献奖。

1986 年　被美国波士顿生物医学研究所授予杰出访问科学家称号。主持建立上海交通大学生命科学与分子生物技术系，为交大荣誉教授。

1988 年　固氮基因的结构和调节研究获国家自然科学二等奖。

应邀在加拿大举行的第十六届国际遗传学会议上做大会报告。

1996 年　获美国加州理工学院杰出校友奖。

1998 年　4 月 21 日，因在研究固氮基因的分子生物学上的贡献，获 1997 年度陈嘉庚生命科学奖。

1999 年　获何梁何利科学与技术进步奖。应香港科技大学之邀，将 1974 至 1995 年期间的工作写了一篇综述发表在该校出版的《在植物生物学中的发现》一书中。

2007年 90周岁。2月，作为专家顾问，出席在厦门大学举行的国家重大基础研究“973”项目——高效生物固氮的分子机理研究的总结大会，应邀做大会发言。

2008年 5月10日，获中国科学院研究生院杰出贡献教师奖。

人名索引

Q

R

S

T

整理者附言

2003年10月，蒙邹承鲁先生引见，我有幸拜会了沈善炯先生，并承他惠赠回忆录《我的科学生涯》。略翻数页，我即发现这是一本以血泪写就的书，一气读完之后，更是深受震撼：作者在麦卡锡主义肆虐、美国政府极力阻止中国留学生归国的时候，毅然放弃良好的工作和学习条件归国，就算是牢狱之灾也不能稍改其为新中国效力之志，无疑是一位非常爱国的科学家；回来之后，服从国家需要改行从事抗生素研究，在短短的几年时间即做出广受国内外关注的重要成果，无疑是一位富有才华的科学家；即使在“三年困难时期”，仍带领学生和助手废寝忘食地工作，基本不顾自己的身体，乃至家庭，无疑是一位极其勤奋的科学家。这样一位专心于业务工作，基本不过问政治，从来没有在公开场合对党的方针、政策表示过不同意见，也没有批判过他人，对国家和人民可谓有百利而无一害的科学家，却仍然几次遭遇政治危险，并最终为暗箭所伤，遭到非人的肉体和精神折磨，甚至在“解放”数年之后还有浓重的受虐感，差点为此而自杀。这样的惨痛故事真是发人深省。

半年之后，我利用到上海出差的机会再次拜会了沈先生。当被问及对《我的科学生涯》的评价时，“这是科学界的《牛棚杂忆》!”我脱口而出。沈先生告诉我，该书可没能得到

《牛棚杂忆》的待遇。费了他和几位院士朋友很多力，这本于1999年完稿的书才总算于2001年得以出版，但只印了极少的数量，根本就没进入发行渠道，因而难以与广大读者见面。沈先生还跟我谈起了许多未写进书中去的故事。我为这位爱国科学家的坦诚所深深感动，萌生了帮他进一步整理、再次出版回忆录的想法。所以之后每次到上海，我都去看望和访问他。2008年下半年，“沈善炯自述”终于被归入《20世纪中国科学口述史》丛书，纳入湖南教育出版社的出版计划，令我甚感欣慰。

2008年暑期，我特意请了十多天假去上海拜访沈先生，希望能大量补充内容。遗憾的是，虽然沈先生十分配合，但毕竟年事已高，即使我希望谈论别的话题，他仍然很容易陷入痛苦回忆之中，访谈几次之后，他的身体即告不适。我只能顺访他的一些学生和朋友，并查阅一些文献，以进一步充实、印证他的记忆。

今年春天，经过与审稿人、丛书主编、责任编辑的多轮磋商，新版回忆录终于定形。它基本延续《我的科学生涯》的框架，大部分章节都补充了一些新的内容，并新增了“青少年时代”、“答问录”、“学生眼中的沈善炯”、“沈善炯的科学贡献”等章节或篇目。为方便读者理解，还增添了一些注释，其中未加特别说明的那些均由我所加。沈先生非常重视这本书，多次逐字逐句审读，并最终改定整部书稿。

在书稿杀青之际，谨向朱家璧、俞冠翘、周元聪、李小骝、籍群芳、程光胜等人致以诚挚的谢意。尤其是朱家璧研究员，不但承担了与书稿相关的大量事务工作，还平静坦陈自己当年“批判”老师时的心态，给我们留下了难得的史料。

在沈先生看来，“不论是害人的还是被害的，其实都是这些政治运动的受害者”。他含泪回顾锥心刺骨的往事，目的不是清算那些加害过他的人，而是希望帮助国家吸取那些用血换来的教训。但愿他的这个愿望能得以实现。

2003年10月28日熊卫民（右）到沈善炯（中）、卢盛华（左）家访问留影

熊卫民

2009年4月22日于北京

图书在版编目（CIP）数据

沈善炯自述／沈善炯述；熊卫民整理．—长沙：湖南教育出版社，2009.11（2017.7 重印）

（20 世纪中国科学口述史／樊洪业主编）

ISBN 978-7-5355-6322-4

Ⅰ.①沈…　Ⅱ.①沈…　②熊…　Ⅲ.①沈善炯（1917—）—自传　②生物学—进展—中国—20 世纪　Ⅳ.① K826.15　② Q-12

中国版本图书馆 CIP 数据核字（2009）第 190279 号

书　　名	20 世纪中国科学口述史 沈善炯自述 Shen Shanjiong Zishu
作　　者	沈善炯述 熊卫民整理
责任编辑	李小娜
责任校对	杨美云　周　晔
出版发行	湖南教育出版社（长沙市韶山北路 443 号）
网　　址	http://www.hneph.com
电子邮箱	hnjycbs@sina.com
客　　服	电话 0731-85486979
经　　销	湖南省新华书店
印　　刷	长沙超峰印刷有限公司
开　　本	710×1000　16 开
印　　张	17.25
字　　数	209 000
版　　次	2009 年 11 月第 1 版　2017 年 7 月第 1 版第 2 次印刷
书　　号	ISBN 978-7-5355-6322-4
定　　价	45.00 元